Das eigenhändige Testament.

Darstellung seiner geschichtlichen Entwickelung,
sowie seiner Voraussetzungen und Wirkungen nach dem

Bürgerlichen Gesetzbuch

von

Walther Brock.

Eine von der juristischen Facultät der vereinigten Universität Halle-Wittenberg preisgekrönte Arbeit.

Berlin.
J. Guttentag, Verlagsbuchhandlung,
G. m. b. H.
1900.

Seinem lieben Freunde

Loránt Löw

in Budapest

herzlichst zugeeignet

vom Verfasser.

Inhaltsverzeichnis.

Einleitung.

Ob der Erfolg der aufzuwendenden Mühe nicht zu entsprechen schien, ob vermeintlich der Gegenstand selbst durch seine Natur nicht historisch erkannt werden konnte — gleichviel, eine wissenschaftliche Untersuchung über den Ursprung und die weitere Geschichte des eigenhändigen Testamentes findet sich in der Litteratur nicht. Freilich ganz über die Frage hinwegblicken konnte man nicht. Aber so oft man auf sie geführt wurde, begnügte man sich mit der Erörterung einiger Vermutungen, indem die meisten Schriftsteller sich sogar mit einem einfachen Hinweis auf solche beschränkten.[1]) In der That ist es schwierig, bei dieser Frage über schwankende Hypothesen hinweg zu einem festen, einheitlichen Ergebnis zu gelangen. Der Grund dafür ist, dass wir nicht imstande sind, die Anwendung des eigenhändigen Testamentes als eine fortlaufende zu verfolgen. Eben haben wir festgestellt, dass es in dem Lande und zu der Zeit in Übung gewesen ist, als es sich gänzlich aus unserem Gesichtskreise verliert, um erst nach Jahrhunderten wieder aufzutauchen. Hätten wir es mit einem in seiner Gestaltung charakteristischen und eigenartigen Rechtsinstitut zu thun, so würden wir es wenigstens als solches wiederzuerkennen vermögen, es bliebe dann

[1]) Warnkönig und Stein: Französische Staats- und Rechtsgeschichte II p. 492 f.; Stobbe: Deutsche Rechtsgeschichte V p. 229 Anm. Pfaff und Hofmann: Kommentar z. österr. Gb. II, 1 p. 140 § 578 III u. Anm. 5. — Endemann: Einführung in das Studium des BGB. Bd. III § 27 Anm. 2 giebt eine kurze Notiz, in der nur nicht ganz zutreffend das eigenh. Testam. des österr. Rechtes von dem französischen hergeleitet wird.

nur noch die Aufhellung der dunklen Zwischenzeit; bei dem rein formalen Charakter des eigenhändigen Testaments scheint aber jeder Anhaltspunkt zu fehlen. Weil eine bestimmte Form mit einer einmal üblich gewesenen übereinstimmt, muss sie darum notwendig von ihr abstammen? Wie viel andere Momente können nicht zu ihr geführt haben. Ist es nicht gezwungen, sie an die frühere gleiche Form anzuknüpfen, wo vielleicht die Übereinstimmung nur eine zufällige und nicht einmal eine zu verwundernde ist? Unsere Erörterungen sollen die Beantwortung dieser Fragen versuchen. —

Dadurch, dass das Bürgerliche Gesetzbuch das eigenhändige Testament unter die ordentlichen Testamentsformen aufgenommen hat, abweichend vom gemeinen Rechte und vom preussischen Landrechte, ist zu seiner wissenschaftlichen Behandlung neue Anregung gegeben. Wie in Frankreich, Italien, Österreich u. s. w., den Ländern, in denen diese Testamentsform bereits in Geltung ist, ein überaus reicher in der Praxis vorliegender Stoff auch zu tiefer theoretischer Durchdringung des eigenhändigen Testamentes sowohl in materiell-rechtlicher, wie in prozessualer Hinsicht geführt hat, so wird auch durch seine allgemeine Geltung in Deutschland deutsche Theorie und Praxis ihren Standpunkt zu nehmen haben; hatte bislang doch auch das Reichsgericht schon Gelegenheit auf Grund der Geltung des eigenhändigen Testaments in Ländern französischen Rechts[1]) in Bezug auf einige prinzipielle Fragen sein Wort zu sprechen.[2])

In erster Reihe wird eine dogmatisch-kritische Betrachtungsweise dazu berufen sein, dunkle Punkte zu erhellen, streitige zu lösen. Selbst der begeistertste Anhänger historischer Untersuchung wird nicht vermeinen, Voraussetzungen und Wirkungen eines geltenden Rechtsinstitutes aus seiner Geschichte heraus zu erkennen; es

---

[1]) Siehe Buch 1 Kap. 3 p. 57, 58.

[2]) Entsch. d. R.-Ger. VII, 292; XII, 315; XXIX, 328.

gilt nicht der Rechtssatz des Rechtes vor 500 Jahren, sondern der des gegenwärtigen Rechtes. Ihn werden wir aber nur durch eine logische, erkenntnistheoretische Betrachtung zu erfassen vermögen. Damit ist aber der „dogmatischen Isolierungsmethode“[1]) durchaus nicht alleiniger Wert zugesprochen, und die historische Untersuchung als überflüssig hingestellt. Man muss ihr nur den richtigen Platz anweisen, sie nicht zu Aufgaben heranziehen, die sie nicht zu lösen hat, die sie nicht lösen kann. Die Geschichte eines Rechtsinstitutes lässt uns in seine soziale Bedeutung eindringen. Die Kenntnis dessen, wie es gewirkt hat, wird unschwer darauf einen Schluss gestatten, wie es mutatis mutandis wirken wird. Daher wird nicht sowohl de lege lata, als vielmehr de lege ferenda der hohe praktische Wert in dem historischen Verfolge des Rechtes zu finden sein. Vor allem aber darf die Wissenschaft, die das Recht als Ganzes und in seiner Gesamtheit zu umspannen hat, nicht auf seine historische Betrachtung verzichten, als einen wertvollen Schlüssel zum fundamentalen und allgemeinen Verständnis. Es ist hier einleitend nicht der Ort auf Einzelheiten einzugehen, so sei nur exempli gratia erwähnt: Ich könnte mit absoluter Sicherheit darlegen, dass von den ältesten Zeiten bis zum Jahre 1899 stets derjenige die Unechtheit eines eigenhändigen Testamentes beweisen musste, der seine Echtheit bestritt — und doch würde ich damit die Frage, wie es diesbezüglich nach dem Bürgerl. Gesetzbuch ist, noch in nichts beantwortet haben. Kein Nachdenken andererseits vermag aber z. B. über die Bedeutung des Datums im eigenhändigen Testamente solchen Aufschluss zu geben, wie aus dem geschichtlichen Geschehen uns sein praktischer Wert plastisch und klar vor Augen tritt. Kurz, nicht Erkenntnis des positiven Rechtssatzes, aber Verständnis des Rechtsinstitutes als solches, sein Zusammenhang mit Leben und Weben eines Volkes — das ist, was die Geschichte für das Recht ist. —

[1]) cfr. Goldschmidt: Univers-Gesch. p. 41.

Erstes Buch.

Die geschichtliche Entwickelung des eigenhändigen Testaments.

1. Kapitel.

Das testamentum holographum des Römischen Rechts.

Es ist ganz allgemein zu beobachten, dass bei einem Volke in seinen Anfängen die Rechtsformen kompliziert, zeremoniell und schwerfällig sind. Erst bei steigender Entwickelung des Verkehrs macht sich das Bedürfnis nach grösserer Leichtigkeit in dem Abschluss von Rechtsgeschäften geltend, und allmählich wird der schwere Ballast der Rechtsformen mehr und mehr abgestreift. Möglichst grosse Sicherheit unter Aufgebot möglichst weniger Mittel — das ist die Tendenz, die aller Orten sich Bahn bricht.

Scharf, geradezu stufenweise, heben sich im römischen Recht, dem Schöpfer des Testamentsrechts überhaupt,[1]) im Verlaufe seiner Entwickelung die verschiedenen Testamentsformen ab. Von der Form des altrömischen Rechtes, dem „legare" des paterfamilias durch lex specialis vor der Volksversammlung (in comitiis calatis) oder, wenn der testator miles war, im Kreise des Heeres (in procinctu), bis zu dem testamentum parentum inter liberos oder gar dem Militärtestamente ist ein weiter Weg, auf dem man Schritt für Schritt die Erleichterung der Formalitäten zu verfolgen

[1]) Siehe Buch 1 Kap. 2 § 8 p. 42.

vermag, es sei nur an das testamentum per mancipationem und das prätorische Testament erinnert.

Dahin findet aber im Römischen Recht das Streben nach Vereinfachung der Testamentsformen seine Begrenzung — und das ist festzuhalten, weil es auch für das moderne Recht vorbildlich geworden ist —, dass es die ordentliche Testamentsform[1]) stets als eine solche aufrecht erhält, sie als Solennitätsakt und nicht nur als Beweismittel auffasst. Hiervon giebt es nur eine einzige Ausnahme, die isoliert und eigenartig dasteht: das testamentum holographum der Novelle Valentinians III. vom Jahre 446 Tit. XX. Aber wie die von Valentinian zugelassene Testamentsform aus dem Rahmen des römischen Testamentsrechts heraustritt, indem sie den Grundgedanken einer Solennität nicht mehr in sich birgt, so hat sie auch im eigentlichen römischen Recht, dem Justinianischen Recht, niemals Fuss gefasst. Für dieses ist sie ohne Bedeutung geblieben, weil die Valentinianischen Novellen im Osten garnicht zur Publikation gelangten.[2]) Aber in andere wichtige Gesetzessammlungen ist diese Novelle aufgenommen worden,[3]) für noch andere hat sie zum Beispiel gedient,[4]) so dass ihr Einfluss als ein ganz hervorragender zu bezeichnen ist.[5])

Die Veranlassung, die für Valentinian zur Einführung des testamentum holographum vorgelegen hat, ist aus der Novelle selbst ersichtlich. Das Gesetz, das man immerhin als von weltgeschichtlicher Bedeutung nennen kann, ist nicht a priori aus allgemeinen Gesichtspunkten heraus entstanden, sondern a posteriori zwecks Legalisierung eines vorhandenen, nach geltendem Rechte aber nichtigen Testamentes — aus Courtoisie gegen zwei tugendhafte Damen.

---

[1]) Von den privilegierten Testamentsformen, wo naturgemäss das Prinzip durchbrochen werden musste, sehen wir ab.

[2]) cfr. Vering: Röm. Erbrecht p. 224 u. 225.

[3]) z. B.: lex Romana Visigotorum.

[4]) z. B.: lex Visigotorum.

[5]) Dieses Moment ist in der Litteratur gar nicht oder doch nicht genügend beachtet.

Misce will Pelagia als Erbin einsetzen. Da ihr nicht die zu einem formgerechten Testamente erforderlichen Zeugen zu Gebote stehen, vertraut sie ihren letzten Willen einer eigenhändigen Niederschrift an. Als sie zum Sterben kommt, übermittelt sie das Schriftstück ihrem edlen Neffen Caesarius, der ihren Willen verwirklichen soll. Caesarius handelt dem Wunsche der Erblasserin gemäss und veröffentlicht das Testament. Pelagia weigert sich jedoch, auch nur von einem Stückchen der Erbschaft Besitz zu ergreifen, sich überhaubt als Erbin anzusehen, bevor vom Kaiser ihre Erbeinsetzung als rechtsbegründet anerkannt worden ist. Valentinian zögert nicht: „mansura iugiter lege decernimus, ut, quisquis per holographam scirpturam supremum maluerit ordinare iudicium habeat liberam facultaten.“[1])

Das ist der Ursprung des eigenhändigen Testamentes. Valentinian giebt dann des weiteren in der Novelle die Begründung für die allgemeine Nützlichkeit des testamentum holographum. So führt er als Gelegenheiten, wo gar leicht Mangel an Zeugen eintreten könne, an: plötzliche Lebensgefahr, Zurückgezogenheit auf Landhäusern, Reisen, auf denen nur Sklaven die Begleitung bilden u. dgl. mehr. Von jetzt ab solle niemand ohne Testament sterben, dem nur noch die nötige Zeit geblieben wäre, ein solches zu machen.

Über die Form des eigenhändigen Testamentes bestimmt er sodann: „si holographa manu testamenta condantur, testes necessarios non putamus. Sripto enim taliter sufficiet heredi, asserere etiam sine testibus fidem rerum dummodo reliqua congruere demonstret, quae in testamentis debere servari tam veterum principum, quam nostrae praecipiunt sanctiones, ut in hereditariorium corporum possessionem probata scripturae veritate mittatur.“ Die charakteristischen Merkmale des testamentum holographum bestehen also darin, dass das Testament ganz von der Hand des Erb-

---

[1]) Nov. Valent. III Tit. XX § 1.

lassers geschrieben ist, und alle andern Förmlichkeiten, namentlich die Zuziehung von Zeugen, mangeln.[1])

Es verdient betont zu werden, dass wir nicht berechtigt sind anzunehmen, auch in dem Valentinianischen testamentum holographum sei Datierung und Unterschrift des Testators erforderlich gewesen, wie es bezüglich des letzteren Punktes wenigstens in späterer Zeit stets für das eigenhändige Testament der Fall war. In den Worten „si holographa manu testamenta condantur" ist eine derartige Bestimmung nicht enthalten, und der Satz „dummodo reliqua congruere demonstret, quae in testamentis debere servari . . . praecipiunt sanctiones" gestattet darauf durchaus keinen Schluss. Erwiesenermassen war bei den Römern das Unterschreiben der Urkunden nicht so selbstverständlich, wie bei uns;[2]) wollte Valentinian die Unterschrift beobachtet wissen, so

[1]) Mit diesem im technischen Sinne eigenhändigen Testament ist nicht zu verwechseln das testamentum holographum des Justinianischen und gemeinen Rechtes. Nach diesem ist bei einem schriftlichen Privattestament, gleichgültig von wem es geschrieben ist, die Anwesenheit von 7 Zeugen erforderlich. Ist jedoch die Testaments-Urkunde vom Testator selbst geschrieben, „et hoc specialiter in scriptura reposuerit, quod haec sua manu confecit", so braucht er sich selbst nicht mehr zu unterschreiben (l. 28 § 1 Cod. VI, 23). Dieses Testament wird terminologisch auch als „testam. holographum" bezeichnet. Jede andere Urkunde (test. allographum) muss der Testator unterschreiben. Die Einteilung in hologr. und allogr. Testamente ist hier also ohne besondere Bedeutung. cfr. Endemann a. a. O. § 27 p. 117 Anm. 1. — Vielfach haben hierüber falsche Ansichten geherrscht. J. Balth. Winkler — ein namhafter Jurist seiner Zeit — schreibt in seinem „Synopticus Jnstitutionum Commentarius" (Graecii 1754) p. 169 u. im „Tractatus de successione ex testamento (Graecii 1771) p. 205: holographe Testamente seien „per clarissimum textum in l. 28 § 2 Cod. d. t. gültig, „etsi absque omni solennitate extrinseca confecta . . . modo scriptura testatoris indubitata sit." Die ganze Bestimmung der l. 28 Cod. VI, 23 scheint uns äusserst geringfügig zu sein, ist es aber in der That nicht. Wie Bruns: Die Unterschriften in den römischen Rechts-Urkunden (Abh. d. Berl. Akademie, phil.-hist. Kl. 1876 p. 41 ff.) nachgewiesen hat, verstand sich das Unterschreiben bei den Alten, besonders den Römern, gar nicht so von selbst, wie uns. — cfr. neben den Pandecten v. Vangerow p. 138, Baron p. 786 besonders Löhr: Arch. f. civ. Prax. II, 190 f. auch Vering a. a O. p. 224 u. 225.

[2]) cfr. Anm. 1 a. E.

hätte er sie sicher ausdrücklich verlangt.[1]) Ebensowenig tritt uns im römischen Rechte das Datieren des Testamentes als formelles Erfordernis entgegen.[2])

2. Kapitel.

Das testamentum holographum in Frankreich.

§ 1. Das testamentum holographum im Breviarium.

Mit der Novelle XX Valentinians ist die Form des eigenhändigen Testamentes in die Rechtsgeschichte eingetreten. Es gilt nunmehr den Weg zu verfolgen, den es genommen hat. Zunächst leiten uns die Spuren sicher und untrüglich. Im Jahre 446 war die Novelle erlassen, und bereits aus dem Jahre 475 haben wir ein Beispiel, dass in Gallien das testamentum holographum zur Anwendung gekommen ist, indem das uns überlieferte Testament des Saint Perpétue, Erzbischofs von Tours, folgende Schlusswendung aufweist: „Testamentum hoc manu propria scriptum relegi et subscripsi ego Perpetuus Calendi Maias post consulatum Leonis Minoris.[3])

Mit der Eroberung Galliens durch die Römer war das Recht der Einwohner nicht untergegangen. Aber da es auf viel primitiverer Stufe stand, als dasjenige, welches die Eroberer mit sich brachten, so assimilierte das gallische Recht sich schnell dem römischen und nahm mannigfaltige Bestandteile desselben in sich auf. Hieraus entwickelte sich ein eigenartiges gallisch-römisches Recht, das freilich in seinem weiteren Verlauf immer weniger die alten gallischen Elemente erkennen lässt, bis diese ganz

---

[1]) cfr. l. 28 § 1 Cod. VI, 23.

[2]) Wenn Laferrière: Histoire du droit français II p. 512 hinsichtlich eines holograph. Testamentes nach der Novelle Valent. III sagt: „Le testament était donc écrit, daté et signé de la main du testateur, triple condition qui contribue l'essence du testament olographe", so ist das ungenau. cfr. Wächter: Pand. II § 284.

[3]) cfr. Laferrière a. a. O. II p. 511.

verschwinden.[1]) Das Testament des Perpetuus ist ein solcher Merkstein des gallisch-römischen Rechtes — wir können es als das erste uns bekannte eigenhändige Testament ansehen, das auf dem Boden des späteren Frankreich, der Mutter des modernen testament olographe, errichtet worden ist. —

Diese Geltung der Valentinianischen Novelle in Gallien ist die einzige, bei der das testamentum holographum uns noch als spezifisch römisches Recht entgegentritt, in dem Sinne als von den Römern gesetztes Recht. Wir sind in der Zeit, in der Roms Macht gebrochen, das weströmische Reich zu Grabe getragen wird. Rom selbst konnte auf die Dauer dem Ansturm der Germanen nicht Stand halten, aber seine Kultur blieb siegreich; sie wurde dem Sieger von dem Besiegten übermittelt. Vor allem war es das römische Recht, das einen glänzenden, civilisatorischen Einfluss ausübte.

Die Westgoten waren im Jahre 412 in das südliche Gallien gekommen; nachdem sie eine Zeit lang bald in Bündnis und Freundschaft, bald in Feindschaft mit den Römern gewesen waren, wurde ihnen im Jahre 419 von dem weströmischen Kaiser Honorius als bleibender Sitz Aquitanien nebst der Stadt Toulouse angewiesen, welcher Länderstrich nun den Namen Gotia oder (nach den sieben zu ihm gehörenden civitates) Septimania erhielt. Die Könige Thorismund († 453) und Theoderich II. († 466) erweiterten die Grenzen des westgotischen Reiches in Gallien bis an die Rhone und an die Loire und dehnten es über den grössten Teil von Spanien aus.[2]) Dieses Reich der Westgoten bestand dauernd bis zum Jahre 507, wo ihnen durch die Schlacht bei Vouglé der grösste Teil ihres gallischen Gebietes durch die Franken entrissen wurde.

Bei unserer Aufgabe, dem Verbleibe des testamentum

---

[1]) Laferrière hat dem droit gallo-romain besondere Aufmerksamkeit gewidmet, cfr. a. a. O. die citierten Stellen.

[2]) Kurze Zusammenfassung der Geschichte der Westgoten bei Warnkönig u. Stein a. a. O. I p. 68 u. 69.

holographum, also der Novelle Valentinians, nachzugehen, erhebt sich natürlich für uns sofort die Frage, welches Recht in Gallien zur Geltung gelangte, nachdem dieses durch die Westgoten erobert worden war.

Die Goten hätten die besiegten Römer ausrotten oder zu Sklaven machen oder ihnen doch wenigstens ihre eigene Sitte, Verfassung und Gesetzgebung aufdringen können.[1]) Dies alles geschah aber nicht. Beide Nationen haben, zwar örtlich vermischt, aber in Sitte und Recht verschieden, zusammengelebt, und daraus ist der Zustand des bürgerlichen Rechts hervorgegangen, welchen wir mit dem Ausdruck der persönlichen Rechte oder persönlichen Gesetze im Gegensatz der Territorialrechte bezeichnen.[2]) Dieser Zustand des persönlichen Rechtes kristallisierte sich dahin, dass unter Alarich II. i. J. 506 die lex Romana Visigotorum abgefasst und als ausschliessliches Gesetzbuch für die römischen Unterthanen des Westgoten-Reiches publiziert wurde.

Und nun ist es für uns von eminenter Wichtigkeit, dass in dieser lex Romana Visigotorum, dem sog. Breviarium Alaricianum, die Novelle XX Valentinians III. Aufnahme gefunden hat.[3]) Aber nicht allein die Thatsache, dass das testamentum holographum überhaupt im Breviar enthalten ist, sondern dass wir auch eine sichere Gewähr dafür besitzen, dass es praktisch verwertet worden ist, muss scharf hervorgehoben werden. Diese Gewähr ist in dem Wesen des Breviars selbst begründet. Wir citieren die Worte Haenels, die er seiner klassischen Ausgabe der lex Rom. Visigot. voranstellt: „Neque vero Alarici prudentes eodem modo, quo Digestorum et Justiniani Codicis compositores egerunt, nam hi libros, quibus utebantur discerperunt, discerptaque membra secundum materiam collo-

---

[1]) cfr. Savigny: Geschichte des röm. Rechts im Mittelalter I p. 115 ff.

[2]) Savigny a. a. O. Das Personalitätsprinzip galt nicht allein bei den Westgoten, sondern bei allen Germanen.

[3]) Breviarium Tit. IV Nov. Valent. III De testamentis. Ed. v. Haenel, l. Rom. Vis. Berdl. 1849.

caverunt, illi vero singulos quosque libros eorumque ordinem servabant, etsi de eïs dempserunt, quae non apta essent praesenti rerum statui." Die lex Romana Visigotorum bedeutet keine Aufzeichnung und Zusammenfassung des gesamten röm. Rechts, wie man sie vielleicht doch hätte versuchen können. — Was würde uns dann aber der Umstand besagen, dass auch die Novelle Valentinians in der Kompilation vorhanden? — Aus dem gewaltigen Rechtsstoff ist in das Breviar vielmehr ausschliesslich praktisch geltendes Recht aufgenommen worden. So finden sich in ihm von ungefähr 3400 leges des Codicis Theodosiani nur 398, aus den Codices Gregorianus und Hermogenianus sind noch weit mehr weggelassen, und von 104 uns erhaltenen Novellen weist er nur 33 auf.[1]) Wir sehen, das Breviarium ist keine Gesetzsammlung, sodern ein Gesetzbuch.

§ 2. Das testamentum holographum in der Lex Visigotorum.

Während die Charakteristik des germanischen Rechtes im allgemeinen bezüglich der uns beschäftigenden Frage erst an späterer Stelle vorzunehmen sein wird (p. 42 f.), ist es jedoch bereits hier angebracht, einen Blick auf die Lex Visigotorum zu werfen, auf die wir ganz von selbst nach Betrachtung der lex Romana gelenkt werden.

Die politische Geschichte der Goten hatte sich kurz folgendermassen gestaltet. Durch das siegreiche Vordringen der Franken wurde ihnen immer mehr ihres gallischen Gebietes entrissen, bis ihnen nur noch neben einigen andern die Städte: Narbonne, Beziers, Nismes, Carcassonne, Lodive und Agde blieben. Diese Gebietsverluste im Norden glichen die Goten aber wieder aus durch Eroberungen in Spanien, wo schliesslich der Schwerpunkt des Reiches lag, und wohin auch der Sitz der Regierung verlegt wurde.

Das Nebeneinanderbestehen verschiedenen Rechtes war nicht von Dauer. Aus einem erobernden Barbaren-

---

[1]) Haenel a. a. O. Vorwort. An der im Texte citierten Stelle: Anm. 23.

volke mit der Zeit zu einem wohlgefügten, einheitlichen Reiche konzentriert, machte sich bei den Goten auch das Streben nach einer einheitlichen Gesetzgebung geltend. Das Ergebnis hiervon war die Abfassung der Lex Visigotorum, welche unter den Königen Chindaswind (642—653) und Reccesswind (649—672) die uns überlieferte Gestalt erhielt. Nunmehr wurde der praktische Gebrauch aller fremden Gesetze, namentlich des Breviariums verboten, und höchstens noch das Studium desselben zur eigenen Bildung erlaubt. Und diese ausschliessliche Geltung der Lex Visigotorum sollte sich gleichmässig für Römer, wie für Goten verstehen.[1])

Das Verbot der Anwendung des Breviars schlug nicht völlig durch. Aber abgesehen hiervon ist es unzweifelhaft, dass das Zusammenleben mit den Römern auch dem Gesetzbuche der Westgoten seinen Stempel aufgedrückt hat, dass in dasselbe spezifische Rechtsinstitute des Breviars in Form und Inhalt übergegangen sind. So hat die Lex Visigotorum aus dem Breviar das Testamentsrecht entlehnt und unter diesem das testamentum holographum![2])

Ein Vergleich des Titels: de olographis scripturis in der Lex Visigotorum mit der Novelle XX Valentinians III. im Breviar zeigt eine geradezu überraschende Übereinstimmung in Gedanken und Ausdrucksweise.[3]) Während aber die Novelle nur die eigenhändige Anfertigung seitens des Testators für das testamentum holographum vorschreibt, finden

---

[1]) cfr. L. Visigot. lib. 2 Tit. 1 l. 9, l. 10. Savigny a. a. O. II p. 79 bes. Anm. b.

[2]) Leges Visigotorum antiquiores. Ed. Karolus Zeumer 1894. L. Visig. Recceswind II, 5, 14. Flavius gloriosus Recceswindus rex: de olographis scripturis.

[3]) cfr. die Worte in der Novelle Valent. „Multis enim casibus saepe contingit, ut morientibus testium numerus et copia denegetur“ mit den Worten der lex Vis.: Quia interdum necessitas ita saepe concurrit, ut solennitas legum libere complexi non possit . . . ut non inveniantur testes . . . Die verschiedenen einzelnen Orte, die zur Test.-Errichtung mit Zeugen ungünstig sind, werden in der Novelle angeführt, die l. Vis. sagt: ubi qualitas locorum ita constiterit.

sich in der Lex Visigotorum noch einzelne detaillierte Bestimmungen. Erbteile, Vermächtnisse und Bedachte müssen genau bezeichnet, das Testament unterschrieben und „dies quoque et annus habeatur in eis evidenter expressus.“[1]) Die im Anschluss hieran von Reccesswind getröffene Anordnung, dass die Erben, Honorierte oder dessen Nachfolger binnen dreissig Jahren, spätestens sechs Monate, nachdem sie den Besitz erlangt, das Testament dem Bischof oder dem Richter vorlegen dürfen, die dann mit drei unzweifelhaft echten Urkunden des Testators Schriftenvergleichung vornehmen und im günstigsten Fall subscribieren oder durch Zeugen subscribieren lassen, wodurch „voluntas ipsius testatoris plenissimam obtineat firmitatem“ — diese Anordnung ist u. E. als eine prozessuale Beweisfrage aufzufassen, nicht aber als Substrat des testamentum holographum selbst.[2])

Wenn Dahn[3]) die scriptura holographa der Lex Visigotorum als schriftliches Nottestament bezeichnet, so ist das unzutreffend. So wenig das testamentum hologr. der Novelle Valentinians ein solches ist, ebensowenig ist es hier der Fall. Wohl kennt auch die Lex Visigot. ein Nottestament, nämlich die mündliche Erklärung des Testators, bei der Zeugen mit Eideshelfern die Wahrheit dessen, was sie gehört haben, beschwören müssen (sua coram iudice juratione confirment ejusdemque juramenti conditionem tam sua quam testium manu corroborent LR. I, 1). Dieses Testament ist Nottestament, weil es nur „instante quocumque periculo“ gestattet ist. Denn darin besteht das Wesen des Nottestamentes, dass es nur bei aussergewöhnlichen Fällen als gültiges errichtet werden darf. Bei der olographa scriptura ist davon aber keine Rede. Nach dem Vorbilde der Valentinianischen Novelle, wo ja, wie wir gesehen haben, ein concreter Vorfall seine gesetzliche Normierung

[1]) Siehe Dahn: Westgotische Studien p. 138.

[2]) Wir finden gleiche oder entsprechende Vorschriften auch bei sämtlichen anderen Testierformen. cfr. Gans: Römisches Erbrecht Bd. III p. 359.

[3]) cfr. Anm. 1.

veranlasst hat, giebt die Lex Visigotorum nur Beispiele, wann ein besonderes Bedürfnis für das eigenhändige Testament vorhanden ist, es giebt, wie wir heute sagen, die „Motive" für seine gesetzliche Festsetzung — aber jedem einzelnen bleibt es unbenommen, sich bei jeder Gelegenheit des testamentum holographum rechtsgültig zu bedienen. Richtiger fasst Gans[1]) die Bedeutung des testam. hologr. in der Lex Visigot. auf, wenn er nach Aufzählung der übrigen Testamentsarten sagt: „Aber alle diese Testamentsförmlichkeiten scheinen (!) nicht durchaus notwendig gewesen zu sein. Konnte jemand keine Zeugen finden und schreibt er sein Testament allein nieder . . . so soll . . . dieses Testament Gültigkeit haben." Doch auch aus diesen Worten leuchtet noch eine Unklarheit hervor. Sehr wohl waren die im Gesetze aufgestellten Förmlichkeiten notwendig, man konnte sie nicht ohne weiteres ausser Acht lassen. Aber man konnte unter den verschiedenen zugelassenen Formen wählen: und eine dieser Formen war das eigenhändige Testament. Wer sie benutzte, brauchte natürlich nur die Vorschriften zu erfüllen, die für sie speziell gegeben waren.

Der Einfluss der Lex Visigotorum auf das spätere Recht Frankreichs ist schwer genau anzugeben, da bislang darüber noch keine abschliessenden Untersuchungen vorliegen.[2]) Sicherlich dürfen wir ihn aber nicht zu hoch veranschlagen. Da das westgotische Gesetzbuch überhaupt erst abgefasst wurde, nachdem Aquitanien von den Franken erobert worden war, und den Goten in Frankreich nur noch wenige Gebietsteile verblieben waren,[3]) so war hier von vorneherein sein Geltungsbereich sehr be-

---

[1]) Gans a. a. O. III p. 359.

[2]) Warnkönig u. Stein a. a. O. II p. 13 sagt in Anm. 3 über eine 1845 veranstaltete neue Ausgabe der lex Visig. „Es ist zu bedauern, dass in der langen Einleitung dazu keine Forschung über diese Frage angestellt worden ist."

[3]) Siehe p. 9: Es bezieht sich dies freilich nur auf die endgültige Gestalt der L. Visig.; ihre ursprünglichen Fassungen reichen vor die Zeit des Verlustes von Aquitanien seitens der Westgoten.

schränkt.[1]) Seine Herrschaft breitete sich in Spanien aus, wo es als fuero juzgo durch viele Jahrhunderte das geltende Gesetzbuch blieb. Ohne Zweifel stammen aber auch manche Rechtsgrundsätze der späteren Gewohnheitsrechte des äussersten südwestlichen Frankreichs z. B. in den Fors de Béarn aus dem westgotischen Gesetzbuch ab.[2])

Diese verhältnismässig geringe Bedeutung für das spätere französische Recht im ganzen bedingt, dass wir auch für die uns beschäftigende Frage nach der geschichtlichen Entwickelung des holographen Testamentes in der lex Visigotorum keinen weiteren Stützpunkt haben, keinen Fingerzeig, dem sich fruchtbar nachgehen liesse. Die scriptura olographa der lex Visigot. bildet, wie wir nachgewiesen haben, einen Ausläufer des im Breviar enthaltenen holographen Testamentes der Novelle XX Valentinians — einen Ausläufer, der mit sich selbst aber zu Ende ist und keine ferneren Anknüpfungspunkte bietet. Noch nicht sind wir aber am Ende des Weges, den uns seine Wurzel, das Breviarium selber, führt. Ihn werden wir des weiteren zu verfolgen haben.[3])

---

[1]) cfr. Savigny a. a. O. p. 71—72. Warnkönig-Stein a. a. O. p. 13. Pertz. Leg. I p. 14 a. 10.

[2]) cfr. Warnkönig-Stein a. a. O. II p. 13.

[3]) Eine besondere Untersuchung über die lex Burgundionum, den Papian und das Edictum Theodorici erübrigt sich für unsere Zwecke. Soweit diese Gesetze für uns in Betracht kommen, werden sie im folgenden Paragraphen erwähnt werden. Zur Begründung wollen wir hier allgemein bemerken: die lex Burgundionum unter König Gundobad (474—516) aufgezeichnet, weist zwar auch einzelne Spuren röm. Rechtes auf und zwar dem Breviar entlehnten, ist aber, nachdem die fränkischen Könige das Burgund. Reich unterworfen hatten, von untergeordneter Bedeutung geworden. Von Agobardus († 840) hören wir, dass er den König Ludwig d. Frommen gebeten habe, das burgund. Recht, nach dem nur noch sehr wenige lebten, aufzuheben und den noch übrigen Burgundern fränkisches Recht zu geben. — Die l. Rom. Burg. ist nur eine Aufzeichnung einigen röm. Rechtes, stellt aber kein einheitl. Gesetzbuch dar. — Was schliesslich das Edictum Theodorici betrifft, so ist seine Geltung von zu kurzer Dauer und auf einen zu engen Raum beschränkt gewesen, als dass seine Rechts-Institute einen weiteren Einfluss hätten erlangen können. Es war Gesetz in der Provence während der ostgot. Herrschaft, verschwand

§ 3. Die Fortdauer des Breviars in Frankreich.[1])

Wenn wir heute allgemein von „römisches Recht“ sprechen, so meinen wir damit gewöhnlich die Gesetzessammlung Justinians. Sie ist es, in deren Gestalt das römische Recht seine Herrschaft über die ganze abendländische Welt angetreten hat. Aber dieser Eroberungszug hat sich durchaus nicht unmitelbar an die Entstehung des corpus juris civilis selbst angeschlossen. Wir wissen, dass in Deutschland die sogenannte „Reception“ erst an der Schwelle der neuen Zeit beginnt, und auch in Bezug auf Frankreich liegen unzweifelhaft Jahrhunderte zwischen der Abfassung des corpus juris (528—33) und seiner Rechtskraft in diesem Lande. Wieviel Jahrhunderte, das ist die Frage, die uns zu beantworten obliegt. Sie braucht nur gestellt zu sein, um ihre Bedeutung für unsere Aufgabe erkennen zu lassen.

Das corpus juris kennt ein testamentum holographum nicht,[2]) wohl aber, wie wir gesehen haben, das Breviarium. In Frankreich tritt uns nun expressis verbis das testament olographe in ausgedehnterem Masse erst in den späteren coutumiers der nördlichen Gegenden entgegen. Hat während der Zeit, in denen diese Gewohnheitsrechte entstanden sind, in Frankreich als römisches Recht das Recht Justinians gegolten, so ist es evident, dass aus diesem das testament olographe in das Gewohnheitsrecht nicht übergegangen sein kann, da dieses ja ein solches garnicht aufweist. Sind dagegen die Gewohnheitsrechte auf einem Boden erwachsen, auf dem das Recht des Breviars ausgeübt wurde, so ist damit von vorneherein wenigstens Raum für die Hypothese gewonnen, das testament olographe der

---

aber mit dieser. Näheres siehe bei Savigny a. a. O. Bd. III p. 5 ff., I p. 163; Gans a. a. O. III p. 165 f.; Warnkönig u. Stein a. a. O. II p. 14.

[1]) Hauptsächlich legen wir hier die Untersuchungen von Max Conrat (Cohn) zu Grunde (Geschichte der Quellen und Litteratur des röm. Rechtes im Mittelalter Bd. I), die wir als die modernsten und vorgeschrittensten schätzen.

[2]) Über die Terminologie des „testam. hologr.“ in den Pandekten cfr. p. 7 Anm. 1.

coutumiers mit dem testamentum holographum des Breviars in Verbindung zu bringen. —

Unter den Karolingern hatte das Frankenreich seine grösste Ausdehnung erreicht. Westgoten, Burgunder, Alemanen, Bayern und Sachsen waren unterworfen, und gemäss des Personalitätsprinzips galt nun im ganzen Umfang des Reichs das in diesen Staaten geltende Recht, das seinerseits nach demselben Prinzip wieder das eigene Stammesrecht und das römische Recht umfasste.[1]) So erklärt sich wohl, was der Bischof Agobardus in einem Schreiben an Ludwig den Frommen sagt: „es geschieht oft, dass fünf Menschen zusammen gehen oder sitzen, von welchen jeder nach einem andern Rechte lebt."[2])

Was das römische Recht betrifft, das in Geltung war, so ist darüber folgendes zu bemerken. Bis in die Mitte des sechsten Jahrhunderts kann ja überhaupt nur das vorjustinianische Recht in Betracht kommen, und zwar von den älteren Juristenschriften, Konstitutionensammlungen u. dgl. abgesehen, der Codex Theodosianus (458) und die lex Romana Visigotorum, das Breviar. Die Geschichte zeigt uns nun, dass bald nach seiner Abfassung das Breviarium fast ausschliessliche Geltung als „römisches Recht" erwarb und den Codex Theodosianus beinahe verdrängte. Der Grund hierfür ist u. E. darin zu finden, dass das Breviarium eine moderne Schöpfung war und den Zeitverhältnissen mehr Rechnung trug. In einem grossen Teile giebt das Breviarium ja auch einen Auszug aus dem Codex, aber es excerpiert aus diesem nur die brauchbaren Konstitutionen und fügt noch eine Menge anderer brauchbarer Materien hinzu. Die Erklärung Laferrière's:[3]) L'autorité du vrai Code Théodosien, de l'an 438 s'est affaiblie devant le Code d'Alaric, qui avait pour lui dans la Gaule l'assentiment national d'une Assemblée réprésentative des provinces du

[1]) cfr. über die Entstehung und Entwickelung des Personalitätsprinzipes Savigny a. a. O. p. 115 ff.

[2]) Agobardi epistulae ad Ludovicum Pium bei Bouquet T. 6 p. 356.

[3]) Laferrière a. a. O. II p. 398.

Midi", ein Hinweis auf die nationale Entstehung des Breviars, ist an sich allein nicht recht überzeugend, aber zu dem von uns angegebenen Grunde noch wohl in Rechnung zu ziehen. Bei dieser Gelegenheit ist auf eine irrtümliche Meinung desselben Schriftstellers aufmerksam zu machen. Das Breviar sollte, wie wir oben erwähnt, ein ausschliessliches Gesetzbuch für die Römer sein. Laferrière glaubt nun darlegen zu müssen, dass diese „l'exclusion d'autres lois ou monuments du droit" sich nur in dem dazu erlassenen Commonitorium, nicht aber in dem Gesetzbuch selbst ausgedrückt finde und fährt dann fort: „Ce caractère prohibitif aurait pu devenir un obstacle à l'influence générale du Code, qui pouvait être adopté, dans les différentes parties de la Gaule, comme loi romaine mais non commme loi unique et exclusive".[1]) Aber ist es denn nicht ganz selbstverständlich, dass die Ausschliesslichkeit der Geltung eines Gesetzbuches nur von einem Staate für seine eigenen Unterthanen vorgeschrieben werden kann, also es hier nur für die unter den Westgoten lebenden Römer geschehen konnte? Einerlei, wo das Gebot der Exklusivität stand, jeder andere Staat konnte die Geltung des Breviars anordnen und dazu noch soviel andere Rechtssätze, wie ihm beliebte. Dass das Breviar in der That wohl mehr gewohnheitsrechtlich seine überwiegende Geltung erlangte, vermag hieran nichts zu ändern; die Ausschliesslichkeit war immer nur für das Westgoten-Reich selbst wirksam anzuordnen.

Zur Zeit als das Breviar in Kraft trat, besassen die Westgoten noch ziemlich ausgedehnte Teile in Gallien, so vor allem Aquitanien. Naturgemäss blieb hier, nachdem das Land in das Frankenreich (507—10) übergegangen war, die Geltung des Breviars unverändert. So können wir Aquitanien und Novempopulana (Vaconia), welches gleichfalls zur Zeit der Promulgation des Breviars bis zum Übergang in fränkische Herrschaft (567) zum westgotischen

[1]) Laferrière a. a. O. II p. 398.

Reiche gehörte, als Ausgangspunkt der Herrschaft bezeichnen, die das Breviar über ganz Frankreich erlangt hat. Septimanien, das am längsten westgotisch war und erst in der Mitte des 8. Jahrhunderts in fränkischen Besitz überging, kann als solcher Ausgangspunkt nicht mitgezählt werden, weil ja lange Zeit vorher mit der Einführung der lex Visigotorum durch Reccesswind das Gesetzbuch römischen Rechts aufgehoben worden war.[1]) Hier dürfte das Breviar, dessen Geltung sich in einigen Anwendungen nachweisen lässt, erst nach der Einverleibung Eingang gefunden haben.[2])

In der That ist es das Breviar, und nicht das Recht Justinians, das auch nach Abfassung des letzteren in Frankreich herrscht; ja die Justinianische Codification ist, wie das für die ersten Jahrhunderte des früheren Mittelalters von den meisten Schriftstellern anerkannt ist, überhaupt unbekannt geblieben. Nirgends finden sich Belege einer Benutzung Justinianischen Rechts.[3])

Ferner fehlt es unter den älteren Rechtshandschriften, welche nachweislich oder sicherer Vermutung nach in Frankreich entstanden sind, an einer Überlieferung Justinianischen Rechtes, obwohl solche Rechtshandschriften, sowie Anlässe zur Bezugnahme auf Justinianisches Recht, mannigfaltig vorhanden sind. Als — freilich nicht zu überschätzender — logischer Grund ist noch anzuführen, dass die Geltung des Breviars uns sehr wohl verständlich ist, dass wir uns den Aufnahme-Prozess des Justinianischen Rechtes aber nur mit Mühe konstruieren könnten.

Abweichend von der herrschenden Meinung behauptet Conrat,[4]) die eben erörterten Momente träfen auch für die späteren Jahrhunderte des Mittelalters zu, auch in diesen sei in Frankreich von der Justinianischen Kodifikation kein Gebrauch gemacht worden. Wir müssen die von ihm an-

---

1) Siehe p. 12.

2) Conrat a. a. O. I p. 42.

3) Conrat a. a. O. I p. 33 Anm. 2.

4) Conrat a. a. O. I p. 33 ff.

geführten Beweise als schlüssig und durchschlagend anerkennen. Keineswegs stellte man bisher die überwiegende Herrschaft des Breviars auch für das spätere Mittelalter in Abrede, aber es finden sich doch Andeutungen und Versuche, eine frühere Bekanntschaft Frankreichs zum wenigsten mit dem Justinianischen Codex nachzuweisen. Conrat hält dies für unrichtig und kommt zu dem Schlusse „anzunehmen, dass von Codex und Institutionen in Frankreich nicht einmal die Kunde ihrer Existenz anders, als in dem vagen Bericht des Beda über den Codex . . . nachweisbar ist.“[1])

Es ist erstaunlich zu verfolgen, wie das Breviar sich immer weiter verbreitet.

Die Provence war zur Zeit der Promulgation des Breviars (506) burgundisch (nämlich seit 443) und ging in den Jahren 510 und 523 in ostgotische Herrschaft über. Da diese die Einführung des Edictum Theodorici zur Folge hatte, so galten vom römischen Recht nun hier einmal die Lex Romana Burgundionum, der sog. burgundische Papian, und das Edikt, andererseits aber auch alle bisherigen Quellen römischen Ursprungs: Constitutionensammlungen und Juristenschriften, denn weder Edikt noch Papian schlossen die Geltung dieser aus.[2]) Als im Jahre 532 Burgund und im Jahre 536 dadurch, dass sie von dem ostgotischen König Vitiges an den fränkischen König Theodebert abgetreten wurde, die Provence in das fränkische Reich aufgingen, trat dann in diesen Landen zu all dem genannten römischen Recht noch das Breviar hinzu.

Um das Verhältnis des Breviars zu den alten Rechtsquellen zu verstehen, muss man sich vergegenwärtigen, dass das Breviar hauptsächlich und im wesentlichen nur ein Auszug, ein Extrakt aus diesen war. Da ist es ganz

---

[1]) Über die Begründung der Ansicht selbst, sowie über die wenigen Ausnahmen, in denen eine Kunde der Justin. Gesetzgebung nach Frankreich gelangt ist, resp. diese auch gegolten hat (Burgund), siehe Conrat a. a. O. p. 34, 35 u. 37.

[2]) cfr. S. 15 Anm. 3.

erklärlich, dass das Breviar, um zu wirklichem, praktischem Gebrauche zu gelangen, überall diese alten Rechtsquellen zur Seite drängen musste; „denn vertrugen sie sich wohl neben dem Papian und dem ostgotischen Edikt, so konnten sie bei dem zwischen ihnen und dem Breviar bestehenden Verhältnis des Mehr oder Weniger, des einfachen und kommentierten Textes, nicht lange neben einander bestehen, ohne dass sie das Breviar aufsaugten oder ihrerseits vom Breviar aufgesaugt wurden.“[1]) Dies letztere geschah thatsächlich, und uns erscheint es ganz natürlich. Im Breviar war ein Rechtsstoff systematisch und einheitlich geordnet, es war ein Recht, das bereits kommentiert war und dadurch jeden Augenblick bündig angewandt werden konnte. Einem solchen festgefügten Gesetzbuch gegenüber konnten notwendiger Weise alte unzusammenhängende Rechtsquellen nicht Widerstand leisten und mussten überflüssig werden. Wie schnell sich dieser Receptionsprozess vollzogen hat, mag aus dem Umstand erhellen, dass bereits im Jahre 658 das Breviar als die „lex“ selbst bezeichnet wird.[2]) Das Ergebnis ist dann, dass das Recht des Breviars mit ganz geringen Ausnahmen[3]) im ganzen Gebiete des ehemaligen weströmischen Reichs — mit Ausnahme von Italien — durchdringt, selbst in der Normandie. Die von uns hervorgehobene Kraft seiner Einheitlichkeit und Abgeschlossenheit lässt das Breviar ferner in Burgund den Papian besiegen: zuerst wird dieser noch vollständig an das Breviar angereiht, dann nur noch in Excerpten und schliesslich nach dem 10. Jahrhundert überhaupt nicht mehr abgeschrieben.[4])

Über das ganze Frankenreich erstreckt sich die Geltung des Breviars. „Breviarium Codicis Theodosiani pro fundo iuris habebatur“, das sind die Worte mit denen Gothofredus die Bedeutung dieses Gesetzbuches charakterisiert. Diesen

[1]) Conrat a. a. O. I p. 41.

[2]) Conrat a. a. O. I p. 41 a. E.

[3]) Tours u. Nantes.

[4]) Conrat a. a. O. I p. 42.

Ausspruch werden wir als um so berechtigter anerkennen, als das Breviar nicht allein für die römische Bevölkerung des fränkischen Reiches die lex Romana war, sondern auch auf die fränkische Gesetzgebung seinen Einfluss auszuüben begann.[1]) Auch nimmt man an, dass die faktische Geltung des Breviars durch Karl den Grossen eine ausdrückliche Bestätigung erfahren hat.[2]) Für uns spiegelt sich die umfassende Herrschaft des Breviars in einer grossen Menge von Handschriften wieder, die fast insgesamt aus Frankreich stammen.[3]) Und wie eng sich das Breviar aller Orten den andern Rechten anschmiegte, beweist uns die Thatsache, dass wir aus dem Ausgang des 8. Jahrhunderts eine grosse Anzahl Manuskripte besitzen, die das Breviar gleichzeitig mit einem andern Rechte enthalten.[4])

Mit dem 10. Jahrhundert beginnt in Frankreich jener wunderbare Prozess der Scheidung des Nordens und des Südens, der Scheidung in die Länder des Gewohnheitsrechtes und des geschriebenen Rechtes vor sich zu gehen. Wir werden im nächsten Paragraphen von der für unsere Aufgabe grundlegenden Frage, wie sich dieser Prozess erklärt, eingehend zu handeln haben. Hier genügt es uns, das Ergebnis unserer vorstehenden Untersuchungen dahin festzustellen: bis dieser Trennungsprozess eintritt, hat das Breviarium über ganz Frankreich geherrscht,[5]) hat somit die Geltung des testamentum holographum nicht allein unausgesetzt fortgedauert, sondern hat sich auch, eben als Rechtsinstitut des Breviariums, über ganz Frankreich ausgedehnt.[6])

---

[1]) Conrat a. a. O. I p. 43, 44.

[2]) Conrat a. a. O. I p. 44. Savigny a. a. O. II p. 163; I p. 125.

[3]) Savigny a. a. O. II p. 62.

[4]) Pardessus (Notice des manuscrits sur la loi Salique) stellt fest, dass von 65 Manuskripten der lex Salica 26 das Breviar vollständig oder unvollständig aufweisen. cfr. Laferrière a. a. O. II p. 398 f.

[5]) Laferrière a. a. O. IV p. 300.

[6]) Es ist merkwürdig, dass diese Thatsache in der Litteratur vollkommen übersehen wird. Man erwähnt wohl stets die Nov. Valent., erklärt sie dann aber sogl. wegen der mangelnden Publikation im Osten für völlig bedeutungslos

§ 4. Die Scheidung Frankreichs in die Länder des droit écrit und droit coutumier.

Die Rechtsgeschichte lehrt uns die unzweifelhafte Thatsache, dass mit dem Anfang des späteren Mittelalters Frankreich sich scheidet in eine nördliche Hälfte, in der ausschliesslich ungeschriebenes Gewohnheitsrecht rein germanischen Charakters herrscht, und in eine südliche Hälfte mit geschriebenem römischen Rechte.

Den Kausalzusammenhang für diese Erscheinung aufzudecken, das ist das Bemühen der Rechtsgelehrten des 18. und 19. Jahrhunderts, welches derselbe ist, das ist eine bis zur Zeit noch nicht gelöste Streitfrage. U. E. ist bisher jeder Versuch, diese Entwickelung unter eine einheitliche Formel bringen zu wollen, fehlgeschlagen und wird notwendiger Weise auch fernerhin zu keinem schlüssigen Ergebnis gelangen.[1]) Die Wirklichkeit ist in ihrem Geschehen so unendlich mannigfaltig bedingt, dass sie mit einer starren theoretischen Konstruktion nicht erschöpft wird. Ist es doch der menschlichen Erkenntnis selbst versagt, das Geschehen der Gegenwart in seinem inneren Werdegange zu erschliessen, wie vielmehr müssen wir ein „non possumus" bekennen, wo es gilt, eine geschichtlich höchst komplizierte Erscheinung längst vergangener Zeit in ihrer Entwickelung bloss zu legen. Das Einzige, was wir vermögen, und das ist die Aufgabe einer sinngemässen historischen Untersuchung, ist: aus dem Verlaufe der geschichtlichen Begebenheiten die praepotenten Punkte herauszuschälen, welche in ihrer fundamentalen Bedeutung

und stellt es dann so dar, als ob das test. hologr. in den franz. coutumes zum ersten Male wieder auftauchte, während doch das Breviar unbestrittener Ansicht nach bis ins 12. Jahrh. ganz überwiegend geherrscht hat, also bis zu dieser Zeit das test. hologr. unzweifelhaft praktisch gewesen ist.

[1]) cfr. Grosley: Recherches sur le droit français; les coutumes considérés comme lois de la nation de son origine et dans son état actuel par P. G. A., Paris 1803, Bibliothèques des coutumes (Einleitung) par de Laurrière et Berroyer. Laferrière: a. a. O. III p. 484 ff. Berriat-Saint-Prix: Histoire du droit romain p. 218—231.

die geschichtliche Erscheinung unserm Verständnis näher zu bringen, geeignet sind.

In dieser Hinsicht sind bezüglich der uns vorliegenden Frage in erster Reihe die Untersuchungen Savignys wertvoll und überzeugend.[1]

Fassen wir die Sachlage ins Auge, wie sie uns die Geschichte selbst bietet, so fällt uns zunächst nicht sowohl die Form des Rechtes, als sein Inhalt selbst auf: das germanische Gepräge des Nordens, das römische des Südens. Es leitet sich leicht der Schluss ab, der Norden des Frankenreichs wird überwiegend von Germanen, der Süden von Römern bewohnt gewesen sein. Aber diese Erklärung durch die Quantität der nationalen Einwohner ist, so naturgemäss sie uns erscheint, doch erst von Savigny gegeben worden. Montesquieu[2] ist der Meinung, die unter den Franken lebenden Römer seien von diesen so ungleich und geringschätzig behandelt worden, dass sie schnell zu dem Entschluss kamen, ihrer Nation zu entsagen und fränkisches Recht zu wählen; die Burgunder und Goten hingegen drückten durch ihre Gesetze die Römer nicht, darum blieben in ihren Reichen die Römer ihrem Rechte getreu. Das ist wohl ein geistreicher Gedanke, aber er ist nicht annehmbar. Er setzt voraus, dass jeder sein Recht beliebig frei wählen konnte. Das ist nicht der Fall gewesen. Solange das Personalitätsprinzip galt — und es ist nicht angängig, schon den Zustand territorialen Rechts vorauszusetzen, während er erst die Folge der in Frage stehenden Erscheinung ist, — wurde jeder nach dem Rechte seines Stammes beurteilt, er trug es mit sich und konnte sich nicht von ihm lösen. Sonst hätte wohl jeder Angehörige eines besiegten Volkes das Recht des siegenden angenommen, denn es bot den Vorteil eines weit höheren Wergeldes. Wenn es jedoch möglich gewesen wäre, warum haben denn aber diesen Vorteil nicht die Burgunder, Westgoten u. s. w., die übrigen von den Franken unter-

[1] Savigny a. a. O. p. 176 ff.

[2] Esprit des lois 28, 4.

worfenen Völker benutzt, warum sollte er allein für die Römer Motiv zum Übertritt in fränkisches Recht gewesen sein?

Thatsache ist, dass wir bereits in sehr früher Zeit eine Unterscheidung finden zwischen den Teilen von Frankreich, in welchen man nach römischem Recht lebte und den übrigen. Die Worte eines Ediktes Carls des Kahlen vom Jahre 864:[1]) „in illa terra, in qua iudicia secundum legem Romanam terminantur, secundum ipsam legem judicetur. Et in illa terra, in qua iudicia secundum legem Romanam non iudicantur“ enthalten ausdrücklich einen solchen Hinweis, und gleichzeitig geht aus demselben Edikte hervor, dass eine gesetzliche Abschaffung des römischen Rechtes nicht stattgefunden hat.[2])

Daraus erhellt, dass wir hier einen Zustand nicht rechtlicher, sondern thatsächlicher Territorialität vor uns haben, und der Nachweis der Geltung germanischen Rechtes im Norden wegen der überwiegenden Anzahl fränkischer Bewohner ist erbracht. — Die Ursache dieses Umstandes glaubt Savigny in der verschiedenen Art zu entdecken, wie die Franken ihr Reich in den verschiedenen Teilen des Landes gegründet haben. Im Norden, wo die erste Einwanderung geschah, seien sie in grösserer Anzahl gekommen und für die Einwohner, besonders die Reichen und Vornehmen, drückender und vertilgender. Als sie nachher durch Eroberung bloss die Grenzen des schon gegründeten Reiches erweiterten, sei beides, Anzahl der neuen Bewohner und Härte gegen die alten Einwohner geringer geworden. So sei dort für die Franken dasselbe Übergewicht entstanden, welches hier die vorigen Bewohner behauptet hatten. — Man wird zugeben, dass diese Erklärung Savignys, wenn sie auch nur hypotetisch ist, durchaus einleuchtet.

Wie hat sich nun aber dieser Zustand faktischer Territorialität zu dem rechtlicher verdichtet, m. a. W., wo-

[1]) Edictum Pistense bei Baluz. T. 2 p. 173.
[2]) Edictum Pistense R. 20. Savigny I p. 176.

durch ist die Geltung des Personalitätsprinzips geschwunden? Offenbar ist zwischen beiden nòch ein grosser Unterschied. Bei Geltung des Personalitätsprinzips ist besten Falls doch nur davon zu reden, dass zufällig im Norden das fränkische, im Süden das römische Recht ausschliesslich in Gebrauch gewesen sei.

Hier setzt nun das zweite Moment ein, dem von den verschiedenen Schriftstellern zwar verschiedene Bedeutung beigemessen wird, das als begründend aber von allen Seiten anerkannt ist: das Lehenswesen des Mittelalters, die Verwandlung der Nationen aus einer Masse von Volksgemeinden in eine Masse von Lehens- und Dienstfolgen.[1])

Nachdem die Lehen erblich geworden, und eine Anzahl kleiner Feudalstaaten entstanden waren, bildete der Verband der Bewohner je solcher territorialen Einheit den Mittelpunkt und die Grundlage jeder Rechtsgemeinschaft. Herren und Unterthanen, das war die Unterscheidung, die jetzt in den Vordergrund trat. Jene verband untereinander und dem höheren Herrn gegenüber der Feudalnexus, diese als Hintersassen lebten nach der Ortssitte und nach den meist stillschweigend mit ihrem Herrn gemachten Übereinkünften.[2])

Die Wirkung dieser Umwandlung, die Lokalisierung des Rechtes, war im Süden und im Norden dieselbe: hier wie dort äusserte sie sich in entsprechender Weise. Die Personalität konnte für das Recht nicht mehr ausschlaggebend sein, da jeder bloss zu einem bestimmten Dienstrechte, nicht mehr zu einem besonderen Volke geboren wurde. Da nun in Nordfrankreich das germanische Recht vorherrschend war, so zeigt hier naturgemäss das Dienstrecht germanischen Charakter, während in Südfrankreich, wo der römische Volksstamm der Anzahl nach weit überwiegend war, das römische Recht dem neu entstehenden das Gepräge aufdrückte. —

[1]) Savigny a. a. O. I p. 178.

[2]) Warnkönig u. Stein a. a. O. II p. 28 f.

§ 5. Über den Zusammenhang der neuen territorialen Rechtsbildungen mit dem früheren Rechtszustande.

Wir mussten den Scheidungsprozess des Rechtes in Frankreich so eingehend verfolgen, um eine klare und rechte Vorstellung der Zustände zu gewinnen, aus denen uns die Geschichte des eigenhändigen Testamentes zu entwickeln obliegt. Es war notwendig, um zu erkennen, dass die sozialen Umänderungen für Frankreich wohl eine Umwälzung in der ganzen Rechtsgestaltung mit sich brachten, dass aber nicht etwa eine weite Kluft die alte und die neue Zeit unüberbrückt trennte. Das ist so oft verkannt worden. In der That war die neue Ordnung der Dinge eine von der alten fundamental verschiedene. Aber nie ist aus dem Auge zu verlieren, dass sie nicht eine Revolution, sondern eine Entwickelung darstellte, dass sie als eine „gewordene" doch immer die Substanz der alten in sich barg. Wohl zeugte sie produktiv neue Rechtsinstitute, neue Rechtsanschauungen, wurden doch durch sie ganz neue Rechtsverhältnisse geschaffen; aber grundfalsch ist es zu meinen, dieses Recht stehe losgelöst von dem bisherigen da, alles frühere Recht sei untergegangen, es sei aus der Feudalität ein ganz neues, das eigentliche französische Recht erst hervorgegangen.[1]) Die Geschichte macht keine Sprünge: so hatte auch das Feudal-Recht Frankreichs alles bisherige Recht zur Grundlage und wurzelte mit seinem ganzen inneren Gehalt in diesem.[2])

Da die soziale Umwälzung den Süden ebensogut wie den Norden betraf, so ging auch die Rechtsbildung in den gleichen Formen vor sich. Naturgemäss konnten die einzelnen Territorien nicht von Anfang an ein abgeschlossenes Recht haben, sondern dieses erwuchs erst allmählich aus den Verhältnissen selbst. Solche lokalen Rechte gestalteten sich im Süden wie im Norden. Es ist ein Irrtum, wenn

---

[1]) Laferrière a. a. O. cfr. Warnkönig u. Stein a. a. O. II p. 28 f.

[2]) Warnkönig u. Stein a. a. O. II p. 29.

man annimmt, nur der Norden besässe solche Gewohnheitsrechte, solche coutumiers.[1])

Freilich lag von vorneherein ein grosser Unterschied zwischen der nördlichen und südlichen Hälfte Frankreichs darin, dass in jener die alten Volksrechte auch ihrer Form nach ganz verschwanden, während dies beim römischen Recht nicht der Fall war. Die germanischen Rechte waren so auf das einzelne Volk beschränkt gewesen, dass sie sich dem neuen Zustande nicht anzuschmiegen vermochten. Das römische Recht dagegen war durch die mannigfaltige Entwickelung, die es erfahren, derartig abgeschliffen, dass es auf die verschiedensten Zustände anwendbar war: obwohl auch ursprünglich an ein bestimmtes Volk geknüpft, war es seiner inneren Natur nach allgemeines Recht.[2]) So ist die Unterscheidung in pays de droit écrit und pays de droit coutumier von dem Gesichtspunkte aus gemacht, dass sie besagt, dass der Norden nur Gewohnheitsrecht, der Süden aber prinzipiell geschriebenes Recht besass. Von diesem hebt sich jedoch auch hier noch das Gewohnheitsrecht jedes einzelnen Territoriums ab.

Dass die Gewohnheitsrechte des Südens nicht ausschliesslich römisches Recht, die des Nordens nicht ausschliesslich germanisches Recht enthalten, sondern dass sich in jedem Elemente des andern finden, ist nach dem von uns dargethanenen Zusammenhang des neuen Rechtszustandes mit dem alten ziemlich selbstverständlich.[3]) Selbst, wenn es praktisch nicht erweislich wäre, könnte es keinem gegründeten Zweifel unterliegen. Wenn Savigny[4]) sagt, dass in Nordfrankreich das römische Recht ganz verschwinden musste, so ist das wohl nur ungenau und zweideutig ausgedrückt. Bei der Territorialisierung des

[1]) Warnkönig u. Stein a. a. O. II p. 30. Laferrière a. a. O. VI p. 409: Sans nous arrêter à la fausse pensée que les pays de droit écrit n'avaient pas de coutumes.

[2]) Savigny a. a. O. I p. 181.

[3]) Warnkönig u. Stein a. a. O. II p. 287.

[4]) Savigny a. a. O. I p. 181.

Rechtes kristallisierte sich gleichsam der bisherige fliessende Zustand des Rechtes. Nun wissen wir aber, dass das römische Recht auch im Norden nicht durch die Jahrhunderte neben den germanischen Stammesrechten getrennt als ganz heterogen einhergegangen war; es ist uns bekannt, dass es auf die fränkische Gesetzgebung seinen Einfluss ausgeübt hat, dass Bestandteile von ihm in das germanische Recht übergegangen sind. Ferner geht aus dem Umstande, dass wir in einer Menge Handschriften der Lex Salica das Breviar angereiht finden, mit Bestimmtheit hervor, dass auch im Norden dasselbe Anwendung fand. Warum sollte plötzlich bei dem Vorgange territorialer Verdichtung all dieses Vorkommen römischen Rechtes im Norden verschwunden sein? In nichts findet diese Annahme eine Begründung. Allein eine rein theoretische Erwägung muss zu ihrer Verneinung führen.

§ 6. Das testament olographe im droit écrit.

Der einfache Verfolg der Thatsachen, dass bis zum Eintritt der sozialen Umwälzungen in Frankreich die Geltung des Breviars unausgesetzt erhalten geblieben ist, dass ferner nach Beendigung dieser Umwälzungen der Süden ein ausgesprochen römisch-rechtliches Gepräge angenommen hat, lässt kurzer Hand zu dem Schlusse kommen, dass die Geltung des römischen Rechts im Süden die Geltung des Breviars gewesen sein muss, dass hier demgemäss auch das testamentum holographum in weiterem Gebrauch gewesen sein wird. Und dieser Schluss ist auch richtig. Soweit uns Rechtsdenkmäler aus der Zeit verhältnismässig bald nach der Rechtsscheidung Frankreichs aus dem Süden bekannt sind, können wir diese Geltung positiv nachweisen. Und doch führt uns dieser Umstand noch nicht zu dem Ziele, von hier bis auf die Gegenwart die Geltung des holographen Testamentes als eine fortdauernde zu verfolgen. Die Ursache davon ist, dass der Süden Frankreichs zwar seinen römisch-rechtlichen Charakter streng bewahrt, aber nach der beendeten Rechtsscheidung bald das Recht Justinians die Stelle einnimmt, die durch so viele Jahrhunderte das Breviar behauptet hatte.

Es wäre interessant, könnten wir gleichsam dieses Vertriebenwerden des Breviars durch Justinians Gesetzeswerk bis ins Einzelne verfolgen. Dazu gehörte, dass von Beginn der territorialen Rechtsbildung an uns aus den Territorien des Südens in kurzen Zwischenräumen aufgezeichnete Rechte vorlägen. Aber nicht nur, dass dies nicht der Fall ist, wir wissen ja, dass das römische Recht im Süden als ius scriptum, als allgemeines Recht fortbestand, und dass die coutumes hier grossen Teils nur ganz spezielle, von dem allgemeinen Rechte sich abhebende Rechtsinstitute, enthalten.

Es ist durchaus wichtig, festzuhalten: auf Gesetzeswege hat das Breviarium niemals seine Geltung eingebüsst. Diese ist illusorisch gemacht, faktisch aufgehoben worden, dadurch dass gewohnheitsrechtlich das Recht Justinians Eingang fand, so dass bei Abfassung der coutumes das Recht des corpus juris berücksichtigt wurde. Und dies geschah so allgemein, dass man später als zu Grunde liegendes römisches Recht überhaupt das Justinianische Recht ansah.[1])

Diese Umwandlung des römischen Rechtes aus Breviar-Recht in Justinianisches Recht vollzog sich allmählich, und zwar in erster Linie verursacht durch die Universitäten, auf denen das corpus juris dem Studium erschlossen wurde. Nicht gleichzeitig wird überall das Breviar dem corpus juris gewichen sein, aber wir sind berechtigt anzunehmen, dass auch nach der Rechtsscheidung die ersten beiden Jahrhunderte im ganzen Süden das Recht des Breviars in Geltung gewesen ist, da erst mit dem 12. Jahrhundert das

---

[1]) Warnkönig u. Stein a. a. O. II p. 28: Der Satz: „Dieses geschah so, dass der Süden das röm. Recht und zwar sehr bald das justinianische für das vaterländische ansah" . . . übertreibt. Ein Zeitraum von 200—250 Jahren ist als „sehr bald" wohl kaum zu bezeichnen.

Aufblühen des Justinianischen Rechtes an den Universitäten beginnt.[1]).

Die neue Ordnung der Dinge musste erst ein Gewohnheitsrecht zeitigen, bevor dieses aufgeschrieben werden konnte. Und das geschah erst um die Mitte und das Ende des 13. Jahrhunderts, gerade dem Jahrhundert, in dem in der That nunmehr das Recht Justinians überall Fuss fasste.[2]) So kommt es, dass die meisten Gewohnheitsrechte des Südens bereits das Justinianische Recht aufwe sen. Um so mehr ist es zu schätzen, dass wir einen coutumier aus dem Süden besitzen, der noch in seinen Grundzügen das vorjustinianische Recht enthält, obwohl auch er schon die Spuren Justinianischen Rechtes an sich trägt:[3]) die „Anciennes Coutumes de Toulouse“ vom Jahre 1283(85). Hier ist es für uns nun ganz besonders wertvoll festzustellen, dass aus dem Recht des Breviars auch das testament olographe in die coutumes übergegangen ist.[4]) Und ganz gewiss war bis zur Abfassung dieser coutumes das testamentum holographum in fortgesetztem Gebrauche gewesen: das erhellt daraus, dass im Jahre 1283 Philipp der Kühne, als ihm die „Anciennes Coutumes de Toulouse“ vorgelegt wurden, eine Untersuchung anordnete, pour en reconnaître l'antiquité et l'observation continue,“[5]) die dann auch 1285 unter seinem Nachfolger Philipp dem Schönen unter grosser Feierlichkeit stattfand.

Aber lange fristete auch hier das testament olographe nicht mehr sein Leben, indem es in der Praxis immer mehr der Form eines Testamentes, das vor dem Pfarrer gemacht

---

[1]) Die schnellste Einwirkung der Wissenschaft auf das geltende Recht findet sich in der in der Mitte des 12. Jahrh. in provençalischer Sprache verfassten Summa Codicis; hier erscheint das Justin. Recht bereits als das praktisch massgebende.

[2]) Siehe vorige Anmerkung.

[3]) Laferrière a. a. O. V p. 245: Sept articles seulement paraissent empruntés au droit de Justinien: Digeste, Code et Novelles.

[4]) Laferrière a. a. O. V p. 247 No. 15.

[5]) Laferrière a. a. O. V p. 235.

wurde, wich, in Übereinstimmung mit den Konzilien zu Narbonne und Toulouse im 13. Jahrhundert.[1])

In einigen andern coutumes, wie denen von Montpellier und Artois[2]), lassen sich zwar noch manche Elemente vorjustinianischen Rechtes finden, aber sie sind doch nur unbedeutend, und das testamentum holographum des Breviars ist nicht darunter.

Nachdem erst einmal das Recht Justinians als allgemeines Recht anerkannt ist, werden die Testamentsformen desselben vorausgesetzt, und nur noch abweichende lokale Eigentümlichkeiten in dem coutumier niedergelegt. So können wir im ganzen sagen, dass im Süden Frankreichs mit dem 13. Jahrhundert das testamentum holographum ausser Gebrauch kommt.

Aber alle Denkmale der langen Geltung des testamentum holographum sollten doch nicht schwinden. Vereinzelte Überreste blieben von ihm auch im droit écrit; so bestand es ununterbrochen in der Auvergne und in Maçonnais.[3]) Doch bilden diese Orte eine solche Ausnahme, dass sie für die Frage nach dem späteren Wiederauftauchen des testament olographe, das im Norden stattfand, eine verbindende Kette nicht liefern und hierfür ausser Betracht bleiben müssen. Wohl ist die Thatsache des Bestehens und der Fortdauer des testamentum holographum in diesen Orten aber ein denkwürdiger Beweis dafür, dass bis zur Entsetzung des Breviars durch das Recht Justinians dieses, und damit auch das testamentum holographum im ganzen Süden gegolten hat. Woher anders als aus dem Breviar sollte denn das testament olographe in Auvergne und Maçonnais seinen Ursprung herleiten? —

§ 7. Das testament olographe im droit coutumier.

Konnten wir bisher der Geschichte des eigenhändigen Testamentes Schritt für Schritt nachgehen in einem lücken-

[1]) Laferrière a. a. O. V p. 247 No. 15 a. E.

[2]) Laferrière a. a. O. V p. 221; VI p. 29.

[3]) Chabot de l'Allier: Questions transitoires II p. 386.

losen Verlaufe seiner Entwickelung, so sind wir nunmehr zu einem schwierigen und intrekaten Punkt unserer Untersuchungen gelangt, der uns auf den schwanken Boden der Hypothese weist.

Abgesehen von den verschwindenden Resten einer Fortdauer des eigenhändigen Testamentes im Süden Frankreichs, verliert sich mit dem 13. Jahrhundert infolge der Verdrängung des Breviars durch das Recht Justinians seine Geltung vollkommen aus unserm Gesichtskreis. Jedoch nicht für immer. In den späteren coutumiers des Nordens taucht es wieder auf und zwar, um nunmehr ein uns offenkundiges, festgesichertes Rechtsinstitut des französischen Rechtes zu bleiben.

Von neuem erhebt sich die Frage, wie ist dieses testament olographe entstanden, und diesmal lässt uns kein gesetzgeberischer Akt den sicheren Ausgangspunkt gewinnen. Ist es dasselbe testamentum holographum, das durch Jahrhunderte dem fränkischen Reiche angehört hat, ist nur sein Zusammenhang mit diesem in ein Dunkel gehüllt, oder wurzelt es in einem andern Boden? Merkwürdig, diese Alternative, die sich einem doch sofort zur Erwägung aufdrängt, ist bislang noch von keiner Seite gestellt worden. Von dem testamentum holographum der Novelle Valentinians III. bis zu dem testament olographe der nördlichen coutumiers wird ein einziger grosser Sprung gemacht. Indem man sich der Aufnahme der Novelle Valentinians in das Breviar, und damit des jahrhundertlangen Fortbestandes des testamentum holographum in Frankreich nicht bewusst wird, erscheint natürlich eine Verbindung des römischen testam. hologr. mit dem gewohnheitsrechtlichen testament olographe gar nicht in Betracht zu kommen,[1]) und man wendet sich von vorneherein dazu, dieses aus einem andern Ursprunge zu erklären. U. E. ist damit der fruchtbarste Weg unbeschritten geblieben. Und in der That, die beiden vorhandenen Hypothesen über die

[1]) cfr. Pfaff u. Hofmann a. a. O. II p. 140 f.

Entstehung des gewohnheitsrechtlichen testament olographe sind dürftig. Nichts weiter als Vermutungen, denen nicht annehmbare Unterstützungsgründe zur Seite gestellt sind.

Überhaupt nur ganz vereinzelte Schriftsteller berühren diesen Ursprung des eigenhändigen Testamentes. Am bemerkenswertesten sind die Ausführungen von Warnkönig-Stein, dessen Ansicht, wenngleich auch wohl noch nicht zur herrschenden geworden, mannigfachen Anklang gefunden hat.[1]) Warnkönig äussert sich: „Über seine Entstehung (nämlich des gewohnheitsrechtlichen testam. ologr.) lässt sich nichts bestimmtes sagen; wahrscheinlich ist es aber, wie angedeutet worden ist, daraus entstanden, dass man ihm dieselbe Beweiskraft beilegte, wie jeder Privat-Urkunde; denn ihre Nichtanerkennung von Seite der Interessenten verpflichtet die darin Eingesetzten zum Beweise ihrer Echtheit, wie nach den gewöhnlichen Regeln des Prozesses." Wir sehen davon ab, dass Warnkönig selbst diese Hypothese nicht für eine sicher gegründete hält und prüfen sie einmal auf ihren Gehalt.

Logisch ist es wohl möglich, dass zu bereits bestehenden Formen noch eine andere dadurch hinzukäme, dass einer von den vorhandenen Formen abweichenden durch Gewohnheit Wirksamkeit beigemessen wird, wodurch sie dann auch mit der Zeit Rechtsgültigkeit erlangt. Aber schwer glaubwürdig ist es, dass gerade die ausgebreitetste Testamentsform, die existiert, nur usancemässig entstanden ist, weil das besagen würde, dass die Anwendung der rechtlich bestehenden Testamentsformen sehr lax beobachtet worden wäre, und dass dieses auch so ganz ohne Gefahr für die Wirksamkeit der letztwilligen Verfügung geschehen konnte. Nirgends ist solches gerade unwahrscheinlicher als bei Testamenten.

Auch hierin liegt die Hinfälligkeit der Hypothese: Wäre nichts weiter zu dem testament olographe erforder-

---

[1]) Warnkönig u. Stein a. a. O. II p. 492 f. (Das Erbrecht ist von dem jüngeren Warnkönig bearbeitet worden. cfr. Vorwort des angegebenen Werkes.) cfr. Anm. 1.

lich gewesen, als wie zu einer gewöhnlichen Privat-Urkunde, wäre sie selbst eine solche, nun wohl, dann vermöchte die Argumentation schlüssig zu sein, es wäre dann anzunehmen, dass eben letztwillige Verfügungen auch in gewöhnlichen Urkunden errichtet werden durften. Aber durch das eigenhändige Schreiben des Contextes ist das testament olographe durchaus eigenartig und individuell unterschieden von jeder andern Privat-Urkunde. Wenn Warnkönig daher meint, man legte der Testaments-Urkunde dieselbe Beweiskraft wie dieser Privat-Urkunde bei, so wird doch die Existenz der ersteren gerade vorausgesetzt, es ist nichts weniger als die Angabe eines Entstehungsgrundes. Denn dass das testament olographe nur die Beweiskraft einer Privat-Urkunde hatte, also keinen öffentlichen Glauben, ist doch nur ein prozessuales Moment und dabei absolut nichts besonderes: dasselbe ist auch dort der Fall, wo unbestreitbar das testament olographe durch Gesetzeskraft gilt.

Wir fassen zusammen: Wenn noch vor dem Bestehen der Form des testam. ologr. überhaupt keine Testamentsform bestanden hätte, so würden aller Wahrscheinlichkeit nach auch für Testamente nur gewöhnliche Privaturkunden Anwendung gefunden haben: es ist aber so gut wie ausgeschlossen, dass sich ein Testamentsrecht finden sollte, ohne Bestimmung über Testamentsformen. Dass aber das testam. ologr. zu einer bereits bestehenden Testamentsform gewohnheitsrechtlich hinzugetreten ist, erscheint mit der allgemein vorauszusetzenden Handhabung der Testaments-Formen unverträglich.

Es spricht nichts für diese Hypothese, und die Gründe, die Warnkönig anführt, sind nicht solche für ihre Richtigkeit, sondern zeigen ausschliesslich, dass der angegebene Entstehungsgrund nicht unmöglich ist. Das ist für die Wertschätzung einer Hypothese sehr wenig; bringt es aber mit sich, dass sie nicht geradezu logisch zu widerlegen ist.

Wie bereits angedeutet, tritt Warnkönig aber auch selbst nicht absolut für die eben dargelegte Entstehungserklärung des testam. ologr. im droit coutumier ein. Auch nach ihm „kann (es) übrigens auch durch eine Ausdehnung des römischen testamentum parentum inter liberos entstanden sein, zumal wenn man bedenkt, dass nach französischem Gewohnheitsrechte die Kinder und die andern Intestaterben stets den Erblasser beerben und repräsentieren, und ihnen durch ein Testament nur Legate und andere Lasten auferlegt werden können." Hierfür würde auch der Umstand sprechen, dass von dieser Testamentsform erst in späterer Zeit die Rede sei.[1])

Damit sind wir zu der zweiten Hypothese gelangt: die Ableitung des testament olographe vom römischen testamentum parentum inter liberos.

Es ist kaum glaublich, wie diese Hypothese zur herrschenden Lehre werden konnte;[2]) nur eine ganz seichte Betrachtung vermag in ihr einen Schein von Richtigkeit zu entdecken.

Was den gleichen materiellen Rechtsinhalt des test. par. int. lib. mit dem gewohnheitsrechtlichen testam. ologr. betrifft, so ist dieser nur ein ganz zufälliger und auch nur oberflächlicher. Bei beiden sind Erben die Kinder; aber hier ergiebt sich dieses aus dem Wesen des germanischen Testamentsrechtes überhaupt, welches ein Abweichen von der Intestaterbfolge nicht gestattet, dort aus dem subjektiven Willen des Erblassers. Dabei ist nicht zu übersehen, diese Übereinstimmung ist auch nur sachlich vorhanden. In der Form wird nach dem Grundsatze des droit coutumier: „l'institution d'héritier n'a pas lieu," das testam. ologr. nichts weiter als Beschwerungen der gesetzlichen Erben enthalten haben, während das testamentum inter liberos das Charakteristicum des römischen Testamentes, die institutio heredis nie entbehrt haben darf.

Hiermit soll nicht gesagt sein, dass es dadurch schon ausgeschlossen sei, das testament olographe habe das test. par. int. lib. zur Grundlage. Das droit coutumier könnte sehr wohl die betreffende Testamentsform entlehnt haben,

---

[1]) Warnkönig u. Stein a. a. O. II p. 493.

[2]) cfr. nur Chabot de l'Allier a. a. O.: ce qu'on peut regarder comme j'origine du testament olographe.

ohne auch inhaltlich sich ihr genau anzupassen. Nur als einen Grund für den Ursprung des testam. ologr. im droit coutumier aus dem test. par. int. lib. ist der angegebene a limine zurückzuweisen.

Es bleibt also nunmehr das Wesentliche übrig, die Formen des test. int. lib. und des testament olographe zu vergleichen. Lässt ihre Gleichheit resp. Ähnlichkeit die in Frage stehende Hypothese gerechtfertigt erscheinen?

In der Entwickelung des testamentum parentum inter liberos sind im ganzen drei Stufen zu unterscheiden.[1]) Das älteste Gesetz über diesen Gegenstand ist eine Konstitution von Constantin aus dem Jahre 321.[2]) Jede mit Bestimmtheit zu erkennende Willensäusserung des Erblassers sollte für seine Succession verbindlich sein, soweit die Erbfolge auf Suität beruhe. Diese Bestimmung nahm Theodosius II. in seine Testamentsnovelle auf.[3]) Von hier entlieh sie Justinian, der dann in der Novelle 107 noch einmal auf die Testamentserrichtung zwischen Eltern und Kindern zurückkommt.

In Vergleich mit dem testam. ologr. ist natürlich nur das test. par. int. lib. Justinians zu ziehen, wie dies auch von denen gemeint ist, die den Ursprung des test. ologr. in dem test. par. int. lib. sehen wollen.[4]) Von vorjustinianischem Recht hat unbestrittener Massen in Frankreich das Breviar gegolten, so dass wir aus diesem nicht das test. int. lib. zur Erklärung des test. ologr. brauchten, da dort ja direkt ein testamentum holographum sich findet.

Die Art, wie ein test. par. int. lib. mündlich errichtet werden kann,[5]) kommt für uns nicht in Betracht. Wollen

---

[1]) Ausführliche Darstellung der Geschichte des test. par. int. lib. giebt Heimbach sen. im Rechtslexikon von Weiske Bd. X p. 837 ff.

[2]) C. 1 Theod. Cod. fam. erc. 2. 24.

[3]) Theod. t. XVI § 5; l. 21 § 3 Cod. h. t. VI, 23: Ex imperfecto testamento voluntatem tenere defuncti nisi inter solos liberos habentur non volumus.

[4]) Warnkönig u. Stein a. a. O. die im Texte citierte Stelle: „Hierfür würde auch der Umstand sprechen . . .“

[5]) Vor zwei Zeugen. Mit Recht ist aber wohl bestritten, dass das mündliche test. par. int. lib. überhaupt privilegiert war. cfr. Heimbach a. a. O. p. 845.

die Eltern schriftliche letzte Willensverfügungen errichten, so genügt ein schriftlicher Aufsatz, in welchem die Namen der Descendenten, ihre Anteile — und zwar diese mit Buchstaben, nicht mit Zahlzeichen — und das Datum von der eigenen Hand des Testators geschrieben sind. Einsetzungen fremder Personen in einem solchen Testament sind nichtig. Vermächtnisse an fremde Personen sind nur dann gültig, wenn sie vor Zeugen bestätigt worden sind.[1]) Wer unbefangen diese Form für das test. par. int. lib. aus einem Pandektenlehrbuche oder aus der Novelle 107 entnimmt, fragt sich unwillkürlich, wie man überhaupt nur dazu kommen konnte, das testament olographe mit ihm in Beziehung zu bringen.

Um dies nicht absolut willkürlich zu finden, muss man sich vergegenwärtigen, dass freilich die ältere Jurisprudenz die Novelle 107 derartig interpretierte, dass das test. par. int. lib. wirklich eine Ähnlichkeit mit dem testam. ologr. annahm.[2])

Wegen der weittragenden Folge müssen wir darauf eingehen. Man fragte sich, ob es hinlänglich sei, wenn der Testierer nur das eigenhändig schreibt, wofür es buchstäblich im Gesetze bestimmt ist, oder ob er nicht das ganze Testament schreiben müsse. Und letztere Meinung fand Verteidiger in Männern, wie Thibaut,[3]) Göschen[4]) und andern. Sie ist aber in keiner Weise aufrecht zu erhalten. Zunächst ist vor allem bezüglich der Testamentsförmlichkeiten von dem Prinzip auszugehen, dass sie ius strictum sind, dass sie aber eine Extensiv-Interpretation durchaus nicht vertragen. Der Gesetzgeber bestimmt die Formen, die er erfüllt wissen will; sie sind streng zu beobachten, aber mehr als das Vorgeschriebene ist nie und nimmer zu thun. Mit der Anordnung, dass die Anteile etc.

---

[1]) cfr. Windscheid: Pandekten § 544 No. 4. Wangerow a. a. O. II § 464. Wächter a. a. O. II § 284 etc.

[2]) cfr. hierüber Mühlenbruch (Fortsetz. von Glücks Pandekten) Bd. 42 p. 182 ff.

[3]) Thibaut: Pand. § 845 No. 2.

[4]) Göschen: Vorlesungen V p. 298.

eigenhändig geschrieben sein müssen, ist unzweifelhaft die Eigenhändigkeit für die wichtigsten und wesentlichsten Bestandteile des Testamentes gegeben, aber bei den Römern ebensogut, wie heutzutage bei uns, beschränkt sich die Testaments-Abfassung fasst ausnahmslos nicht auf eine möglichst kurze und dürftige Angabe. Wenn auch nicht gerade immer weitläufige Auseinandersetzungen, so sind doch einige Vor- und Schlussbemerkungen vorhanden.[1]) Diese nun auch eigenhändig von dem Testator zu verlangen, liegt keine Veranlassung vor, um so mehr noch, als die in der Novelle getroffene Vorschrift, wie Mühlenbruch richtig bemerkt, bereits „eine Vermehrung der gemeinrechtlichen Solennitäten enthält; folglich anzunehmen ist, der Gesetzgeber sei von diesen nur insoweit abgewichen, als das Gesetz dies buchstäblich bestimmt, oder der Zweck desselben es mit sich bringt."

Die Meinung ist auch gänzlich antiquiert und in den neueren Pandekten-Büchern gar nicht einmal mehr erwähnt.

In eigenmächtiger Interpretation ging man noch weiter. Man behauptete, wenn das Testament eigenhändig geschrieben worden sei, so wäre keine Unterschrift oder Untersiegelung erforderlich; habe aber ein anderer den Aufsatz geschrieben, so müsse der Testierer den Aufsatz eigenhändig unterschreiben.[2]) Im Gesetz steht von all diesem kein Wort und damit kennzeichnet sich allein, was von der Behauptung zu halten ist. Aber sie ist auch sinnwidrig. Wollte der Gesetzgeber, dass das ganze Testament vom Erblasser eigenhändig geschrieben sei, so kann die blosse Unterschrift den Mangel der ganzen Eigenhändigkeit nimmer ersetzen, ist aber eine Unterschrift des Testierers erforderlich, so kann diese nicht dadurch überflüssig werden, dass der Testierer das Testament ganz eigenhändig geschrieben hat.

Während über diese beiden Ansichten einfach hinweg-

---

[1]) cfr. für das röm. Recht Spangenberg: Juris Romani tabulae negotior. vol. superstites I.

[2]) cfr. z. B. Claproth: Abhandlung von Testamenten etc. p. 131 f.

zugehen ist, — sie höchstens als Typus falscher Interpretation Beachtung verdienen —, ist eine dritte bemerkenswerter, nämlich die, das test. par. int. lib. müsse eine Unterschrift des Testierers enthalten.[1]) Aber auch von dieser Meinung sind nur die allgemeinen Stützpunkte erwägungswert. Manche nämlich wollen aus dem Wortlaut des Gesetzes selbst ihre Richtigkeit herleiten, indem sie den lateinischen Text: „primo quidem eius subscriptione tempus declaret,"[2]) so verstanden wissen wollen: vor allem solle der Testierer bei seiner Unterschrift das Datum ausdrücken. Es erübrigt sich auf das Gewundene dieser Auslegung hinzuweisen, da in dem griechischen Original-Text die Worte: *πρῶτον μὲν αὐτῆς προγράφειν τὸν χρόνον*, gar nicht die Möglichkeit solcher Auffassung aufkommen lassen. Anders verhält es sich mit dem Vorbringen, die Unterschrift sei notwendig und wohl als selbstverständlich vom Gesetzgeber vorausgesetzt, denn wenn ein Testator eigenhändig Erklärungen im Testament machen soll, so müsse er auch die Echtheit dieser Erklärungen durch seine Namensunterschrift beglaubigen. Dagegen ist einzuwenden: Einmal ist es von vorneherein bedenklich, eine Form aufzustellen, auf die im Gesetz nicht hingewiesen ist. Auch ist der Zweck, die Echtheit des eigenhändigen Testamentes darzuthun, nicht von Belang, da die eigenhändige Handschrift auch ohne eigenhändige Unterschrift konstatiert werden kann. Sehr zweifelhaft ist es aber, dass der Gesetzgeber selbst ein Unterschreiben der Urkunde seitens des Testators als notwendig angenommen haben soll; wir haben an anderer Stelle[3]) bereits darauf aufmerksam gemacht, neue Forschungen haben mit Sicherheit ergeben, dass sich ein Unterschreiben der Urkunden bei den Römern durchaus nicht von selbst verstand.

Nach diesen Erörterungen bedarf es eigentlich eines Wortes nicht mehr darüber, dass thatsächlich eine Ähnlich-

---

[1]) Vertreten hauptsächlich durch: Bülow, Schröder, Hofacker, Schweppe, von neueren sei nur erwähnt Vering a. a. O. p. 231. Dagegen besonders Euler.

[2]) Nov. 107.

[3]) cfr. p. 7 Anm. 1 a. E.

keit des test. par. int. lib. mit dem testam. ologr. nicht besteht. Bei diesem wird von dem droit coutumier (vor der Ordonnance von 1735[1]) verlangt: dass es eigenhändig von der Hand des Testators geschrieben und eigenhändig unterschrieben sei. „Avant qu'un testament soit réputé solennel, il est requis, qui'il soit écrit et signé de la main et seing manuel du testateur — —.“[2]) Hier also volle Eigenhändigkeit der Urkunde, bei dem test. par. int. lib. nicht; hier Unterschrift, dort keine; hier kein Datum, dort ein solches. Nicht weniger als in sämtlichen positiven Formvorschriften sind demgemäss die beiden Testaments-Arten verschieden. Nicht einmal die Gleichheit in der negativen, der Zeugenlosigkeit, kommt ihnen zu. Im test. par. int. lib. dürfen nur die Descendenten als Erben instituiert werden, zu Legaten etc. gehören Solennitätszeugen; im test. ologr. ist das Testament aber nichts weiter, als gerade die Aussetzung von Legaten, Beschwerungen der Descendenten als unumgängliche gesetzliche Erben. Also wo hier keine Zeugen, sind dort solche erforderlich.

Nur eine ganz unangemessene, längst abgethane Interpretation der Novelle 107 konnte eine Ähnlichkeit des testament olographe mit dem test. par. int. lib. zur Folge haben. Mit der allseitig als falsch anerkannten Interpretation ist auch jeder Versuch, den Ursprung des test. ologr. aus dem test. par. int. lib. abzuleiten, hinfällig.[3]) —

Müssen wir uns mit der blossen Verneinung der beiden erörterten Hypothesen bescheiden, oder sind wir in der Lage eine andere, besser fundierte an ihre Stelle zu setzen?

---

[1]) Siehe p. 53.

[2]) cfr. coutumes générales et locales du pays et duché de Bourbonnais Art. CCLXXXIX; Warnkönig u. Stein a. a. O. p. 492.

[3]) Die Hypothese, dass das test. hol. aus dem test. par. int. lib. entstanden sei, vermöchte nur durch ein einziges Moment aufrecht erhalten zu werden, nämlich durch den Nachweis, dass im Mittelalter die Nov. 107 thatsächlich in dem erörterten fälschlichen Sinne ausgelegt worden sei. Dieser Beweis ist von den Verfechtern der Hypothese aber niemals versucht, geschweige denn geliefert worden. Die jetzige Unhaltbarkeit ihrer Hypothese beruht darauf, dass sie selbst auf einer falschen Interpretation fussen.

In jedem Falle erscheint es uns richtiger, offen unser Nichtwissen zu bekennen, als, nur um irgend eine Erklärung zu haben, zu einer willkürlichen und gewaltsamen zu greifen.

Wie bemerkt, ist in der bisherigen Forschung nach dem Ursprung des testament olographe im droit coutumier der Gesichtspunkt vollkommen ausser acht gelassen worden, in wie weit vielleicht ein Zusammenhang dieses test. ologr. mit dem testamentum holographum des Breviars anzunehmen ist. Wir wollen dieser Frage nunmehr eine systematische Untersuchung widmen.

Wenn wir in einem germanischen Rechte das Institut der Testamente finden, so weist dies grundsätzlich auf eine Beeinflussung römischen Rechtes hin. Dem germanischen Rechte[1]) als solchem ist, wie allen andern Rechten mit einziger Ausnahme des römischen, das Recht Testamente zu errichten fremd. Das Testamentsrecht ist im ureigensten Sinne des Wortes eine Schöpfung des römischen Volkes.[2]) Jahrhunderte hat es zwar nicht daran gefehlt, dass das Testament für naturrechtlich gehalten wurde, dies hauptsächlich von Philosophen, die über jede geschichtliche Erfahrung hinwegspekulierten.[3]) Die geschichtliche Be-

[1]) cfr. Brunner: Deutsche R.-Geschichte I p. 79. Stobbe a. a. O. p. 178 Wirklich einseitige letztwillige Verfügungen finden sich in der Zeit der Volksrechte nur bei denjenigen Stämmen, unter welchen eine grosse Anzahl Römer lebte. Zoepfl: Deutsche Rechtsgeschichte Bd. III p. 268 f.

[2]) Sehr interessant sind die Ausführungen von Gans a. a. O. Bd. I p. 113 über das chinesische Recht. Dieses kennt scheinbar das Recht der subjektiven, freien Nachlassverfügung. Aber man höre: „Wer seinen Erben und Nachfolger (auch unter seinen Kindern) ungesetzlich bestimmt, soll mit 80 Bambusschlägen bestraft werden (Ta Tsuij Leu Lee p. 48). Ferner: „Wenn der in Ermangelung von Kindern zur Erbschaft durch den letzten Willen gerufene Verwandte nicht ohnehin der nächste zur Erbschaft ist, so soll dies ebenfalls für eine Übertretung des Erbschaftsgesetzes angesehen, und ganz, wie der vorige Fall bestraft werden" (Ta Tsuij Leu Lee p. 184).

[3]) cfr. Röder, Grundriss des Naturrechts. 2. Aufl. Abt. III § 105; Fichte: Grundlage des Naturrechtes nach Prinzipien der Wissenschaftslehre, 2 Teil p. 92, 93. — Bis zu welchen Lächerlichkeiten sich die naturrechtliche Begründung des Testamentes versteigen kann, dafür mag ein Beispiel angeführt werden: M. Claude-Marie Rouyer commentiert in seiner Ausgabe der Coutumes. . . .

trachtung hat aber das unzweifelhafte Gegenteil gelehrt. „Der grosse Irrtum der Neueren, dass das Testament naturrechtlich sei, hat durch die wahrhafte Entwickelung der Idee der Geschichte des Testaments seine so erschöpfende Auflösung gefunden, dass seine wissenschaftliche Fortdauer fortan unmöglich ist.“ [1])

Im römischen Recht ist der pater familias unbeschränkter Herr über sein Vermögen. Die absolute Freiheit darüber zu schalten und zu walten findet seinen stärksten Ausdruck in der Macht, auch über sein Leben hinaus die Geschicke dieses Vermögens fest zu legen. „Pater familias uti legassit super familia, pecunia tutelave suae rei, ita ius esto (l. XII tab., V). [2]) Das Vermögen haftet an dem paterfamilias, sein Wille über dasselbe ist „Gesetz“. [3])

Ganz verschieden davon ist die germanische Rechtsanschauung. Man kann es treffend so fassen, hier gehört das Vermögen nicht dem Einzelnen, sondern der Familie. Nach diesem Grundprinzip des germanischen Rechtes kann von einer Befugnis des Einzelnen, über die Vererbung „seines“ Vermögens subjektiv willkürliche Vorschriften aufzustellen, natürlich keine Rede sein.[4]) Die Stellung des Menschen zu seinen Blutsverwandten ist göttlicher Ordnung. Was ihnen nach dieser zukommt, kann ihnen durch menschlichen Willen nicht entzogen werden. Wie einerseits sich diese Anschauung bei Veräusserungen unter Lebenden in den mannigfaltigsten Arten der Retrakt- und

---

de Bourbonnais den Art. 289: L'usage des testaments est fort ancien: en effet, Eusèbe, et après lui Cedremus, rapportent que Noé, suivant l'ordre de Dieu, fit son testament par lequel il partagea la terre à ses trois fils; qu'après avoir déclaré à ses enfants ce partage, il dressa un écrit qu'il scella, et remit à Sem, lorsqu'il se sentit proche de la fin. — Ainsi l'origine des testaments doit être rapportée au droit naturel des gens, et non au droit civil.

[1]) Lassalle: Das Wesen des römischen und germanischen Erbrechtes p. 596.

[2]) Bruns: font. iur. p. 22.

[3]) cfr. Chabot de l'Allier a. a. O. p. 384.

[4]) cfr. C. A. Schmidt: Der prinzipielle Unterschied zwischen dem röm. u. germ. Recht I p. 338 f.

Revokationsrechte realisiert hat, so musste sie andererseits zu einer strengen gesetzlichen Erbfolge führen, als Verwirklichung der von Gott gewollten Ordnung.

Von dieser prinzipiellen Auffassung ist das germanische Recht lange Zeit nicht abgewichen, auch da, wo das römischrechtliche Testament bereits Eingang gefunden hatte. In der neuen Zeit ist sie zwar immer weniger scharf zum Ausdruck gelangt, ganz geschwunden ist sie aber nie.[1]) Im Kern tritt sie bei der Frage nach der Erbeinsetzung in Erscheinung. Im römischen Recht war die instistutio heredis Voraussetzung der Gültigkeit des Testamentes. Den Erben überhaupt zu schaffen, war ja gerade des Testamentes vorzüglichste Aufgabe „Ante heredis institutionem inutiliter legatur, scilicet quia testamenta vim ex institutione heredis accipiunt, et ob id velut caput et fundamentum intelligitur totius testamenti heredis institutio“.[2]) Solange das germanische Recht streng an der Unfähigkeit des Erblassers, die gesetzliche, natürliche Erbfolgeordnung zu durchbrechen festhielt, war eine solche Schaffung des Erben unmöglich, er war eben von Natur da. Durch Testament konnte ausschliesslich anderen dadurch etwas zugewendet werden, dass die gesetzlichen Erben mit Vermächtnissen u. dgl. beschwert wurden. Erbeinsetzung war überflüssig und fand demgemäss nicht statt. Äusserlich dokumentiert sich dieser Gegensatz des römischen und germanischen Rechtes darin, dass die technische Unterscheidung von Testament und Kodizill im germanischen Recht ihren Gehalt verloren hat. Da im römischen Rechte unter

---

[1]) cfr. Bluntschli: Deutsches Privatrecht § 200. „Eine Folge der veränderten Grundansichten ist es ferner, wenn die Erbeinsetzung nicht mehr, wie bei den Römern als der wesentliche und notwendige, sondern nur als möglicher Inhalt eines Testamentes betrachtet wird. Auch in dieser wichtigsten Beziehung unterscheidet sich das Testament der modernen Rechtsbildung sowohl von dem alten Geschäfte als von dem röm. Testamente. Jenes liess die Erbeinsetzung nicht zu, dieses forderte sie, das moderne Testament, seinem Wesen nach nur eine letztwillige einseitige und widerrufliche Willenserklärung des Erblassers lässt sie zu, fordert sie aber nicht.“

[2]) Gaius: Institutiones II 229.

Kodizill solche letztwillige Verfügungen verstanden werden, die keine Erbeinsetzungen, sondern nur einzelne Nachlassbestimmungen enthalten, so ist mit Recht zu sagen, dass es im germanischen Rechte nach römisch-rechtlicher Terminologie überhaupt nur Kodizille giebt.[1]) Trotzdem ist es aber unrichtig, wenn man meint, das germanische Recht habe nur das Kodizillar — nicht das Testaments-Recht des römischen Rechtes übernommen.[2]) Nicht die formalen und technischen Einzelheiten sind es, die das germanische Recht dem römischen abgesehen hat, es ist der Grundgedanke der letztwilligen Verfügungen überhaupt. Dass die Art und Weise dieser letztwilligen Verfügungen Ähnlichkeit mit den römischen Kodizillen hat, ist nur zufällig. Wie der allgemeine Name unzweideutig zeigt, hat sich das germanische Recht um das Rechtsinstitut der „Testamente" bereichert. Den Charakter dieser Testamente haben natürlich germanische Rechtsgrundsätze bestimmt. —

Die vorstehenden Erörterungen sind für uns zunächst dahin zu verwerten, dass wir das Bestehen der „Testamente" im droit coutumier als eins jener römisch-rechtlichen Elemente zu erkennen haben, deren allgemeine Existenz bereits an anderer Stelle dargethan ist.[3]) Die Testamente tauchen nun aber nicht erst im droit coutumier auf, sondern sind schon zur Zeit der Volksrechte Inhalt des germanischen Rechtes. Daraus ergiebt sich, dass die Testamente des germanischen Rechtes in Frankreich aus dem Breviar aufgenommen sein müssen. Dieses kann nun wiederum nicht ganz abstrakt geschehen sein. Das Testamentsrecht als solches ist notwendiger Weise an eine gewisse Form geknüpft gewesen. Haben wir nun erwiesen, dass dem Wesen des germanischen Rechtes entsprechend das

---

[1]) Die Trennung von Testament und Kodizill im germ. Rechte bedeutet dann auch nur, dass Testament die erste hauptsächliche letztwillige Verfügung, Kodizille Nachträge zu der ersten Verfügung genannt werden.

[2]) Laferrière a. a. O. II p. 512 ff.

[3]) Siehe p. 28 u. 29.

Testament keine so weittragende Bedeutung hatte, wie im römischen Recht, da nur in gewissem Masse testamentarisch verfügt werden konnte, so ist augenscheinlich, dass demgemäss auch nur die freiesten Testamentsformen zur Übernahme geeignet waren. Diesem Bedürfnis nach Einfachheit kam aus dem Breviar das testamentum holographum in vollkommenster Weise entgegen. Nichts liegt demnach näher, dass es das testamentum holographum war, welches in das germanische Recht recipiert wurde. Und nun finden wir thatsächlich das testamentum holographum im Gebiete des germanischen Rechtes, des droit coutumier. Was uns so evident, so klar erscheinen muss, ist uns bestätigt. Was steht denn trotzdem der so natürlichen, eigentlich ganz sich von selbst ergebenden Annahme entgegen: das testam. olographe ist die Testamentsform, wie sie das germanische Recht aus dem Breviar übernommen hat? Wie wir am Eingang dieses Paragraphen ausgesprochen, ist es allein der Umstand, dass uns in diesem droit coutumier das testament olographe erst in späterer Zeit entgegentritt, dass seine Existenz nicht von der Zeit der territorialen Rechtsbildung an offenbar ist.

Ob der Gedanke, das testam. olographe des droit coutumier sei das eigenhändige Testament des germanischen Rechts vorterritorialer Zeit, überhaupt in Betracht kommen kann, hängt in erster Linie davon ab, dass wir uns vergewissern, welche Testamentsformen denn in der hinsichtlich des testament olographe dunklen Zeit im droit coutumier geherrscht haben. Es ist augenscheinlich: Ist nur irgend eine andere Form aus dieser Epoche bekannt, dann ist von vorneherein ausgeschlossen, mit einem Male die auftretende Form des testament olographe an ein Jahrhunderte vorliegendes Recht anzuknüpfen. Dem ist aber nicht so. Das erste Mal, wo wir von Testamentsformen im droit coutumier des Nordens hören, da tritt uns gleich das testament olographe entgegen. Man verstehe recht: Freilich wir erfahren nicht von Beginn des neuen Rechtes in Nordfrankreich an, dass das testament olographe in Geltung gewesen ist, aber vorher erfahren wir eben überhaupt nichts von Testamentsformen im droit coutumier. Der wichtigste Umstand, der die von uns versuchte Anknüpfung als hinfällig erweisen könnte, liegt also nicht vor. Auf uns sind eine Menge von coutumiers des nördlichen Frankreich aus dem 13., 14., auch 15. Jahrhundert gekommen, aber über Testamente werden wir vergeblich darin Bestimmungen suchen.[1]) Die Erklärung ist u. E. unschwer zu finden. Man verkennt den Charakter der älteren coutumiers — und dies gilt gleichmässig für die des Südens und des Nordens — wenn man vermeint, sie enthalten eine gesamte Kodifikation des auf dem betreffenden Territorium geltenden Rechtes. Das ist durchaus irrig; und eigentlich müsste ein Blick in diese coutumiers genügen, um sich dessen klar zu werden.[2]) Wir haben in § 6 dargelegt, dass die Umwandelung in den sozialen Verhältnissen wohl den Untergang des bisherigen Rechtszustandes mit sich brachte, nicht aber den Untergang dieses Rechtes selbst bedeutete. Natürlich stand nun aber die Rechtsentwickelung nicht still. Im Gegenteil, die neue Ordnung der Dinge war äusserst fruchtbar an neuen, eigenartigen Rechtsgestaltungen. Dieses neue Recht erwuchs nun aber nicht mehr als allgemeines, sondern als spezielles Recht der einzelnen Territorien; aller Orten hatte es aber das alte Recht zum Untergrund. In den ersten Jahrhunderten, der diplomatischen Periode, wie sie von französischen Rechtshistorikern genannt wird,[3]) spricht sich das Vorhandensein der neuen Rechtsprinzipien nur in einigen Urkunden aus und zwar bei Gelegenheit von Rechtsgeschäften; später beginnt man dann allmählich die einzelnen lokalen Ge-

[1]) cfr. z. B. Coutumier de Normandie, publié par Ernest-Joseph Tardif I. partie Rouen 1881; Coutumes des pays de Vermendois et ceux de Envyron; publiés d'après le manuscrit inédit des archives du département de l'Aube par C.-J. Beautemps-Beaupré. Paris 1858.

[2]) Richtige Ansicht bei Laferrière a. a. O. p. 255. cfr. auch Coutumes et Réglements de la République d'Avignon au treizième siècle par M. A. De Maulde. Paris 1879 p. 62.

[3]) Laboulaye, de la condition des femmes. cfr. Warnk. u. Stein a. a. O. II. p. 30.

wohnheiten aufzuzeichnen. Aber eben nur die lokalen Rechtsbildungen, diejenigen, welche neu und eigenartig entstanden waren. Da kann es uns nicht Wunder nehmen, dass wir in diesen coutumiers einem Testamentsrecht nicht begegnen. Das Recht, Testamente zu errichten, war seit Jahrhunderten Gemeingut des germanischen Rechtes, seine Geltung war offenbar. Kein Zweifel, dass es in das Recht der Territorien übergegangen war, aber bezüglich seiner neu schöpferisch zu sein, brachten die veränderten Zustände keine Gelegenheit. Wohl bildete sich mit der Zeit eine Verschiedenheit in den einzelnen Territorien hinsichtlich des Vermögensteiles aus, über den überhaupt testamentarisch verfügt werden konnte, aber die verhältnismässig geringe Bedeutung der Testamente gegenüber dem streng durchgeführten Intestat-Erbrecht blieb sich im ganzen Gebiet des droit coutumier gleich. Kurz, erst als in späterer Zeit eine umfassende Aufzeichnung des in dem Lande geltenden Rechtes vorgenommen wurde, war es an der Reihe, auch die Testamentsformen zu erwähnen. Damit sprechen wir die Hypothese aus: das Testament des französisch-germanischen Rechtes ist das testamentum holographum des Breviars. Die Geltung des testam. hologr. hat im Norden Frankreichs, nachdem es einmal aus dem Breviarium in das germanische Recht übergegangen war, niemals ausgesetzt. Dass die Germanen schon seit früher Zeit das Testamentsrecht von den Römern übernommen haben, ist gewiss; dass in der Zeit des territorialen Gewohnheitsrechtes, in der ausdrückliche Bestimmungen über Testamente mangeln, überhaupt das Testamentsrecht nicht bestanden habe, ist darum ausgeschlossen. Dass solche Bestimmungen fehlen, ist vielmehr aus dem Wesen der coutumiers verständlich. Weil sie aber fehlen, kann die Form für Testamente in dieser Zeit sehr wohl die des testamentum holographum gewesen sein.

Hiermit haben wir schon viel gewonnen. Können wir in dem eben zusammengefassten Gedankengange auch logisch nur zu dem Ergebnis kommen, dass das testament olographe des droit coutumier das testamentum holographum des Breviars sein „kann", so haben wir bereits aus der Bedeutung der Testamente bei den Germanen die hohe Wahrscheinlichkeit dieses Umstandes dargelegt, dass gerade das testamentum holographum zur Testamentsform des französisch-germanischen Rechtes genommen sein wird. Aber mit dieser allgemeinen Erwägung sind die unsere Hypothese begründenden Momente noch nicht erschöpft.

Wir haben zwar im einzelnen die beiden bisherigen Hypothesen über den Ursprung des testament olographe im droit coutumier abgethan: die von Warnkönig aufgestellte: Entstehung durch Beilegung von Beweiskraft wie jeder gewöhnlichen Urkunde, mussten wir als gezwungen und positiv nicht begründet, die herrschende: Entstehung aus dem testamentum parentum inter liberos, mussten wir als ganz haltlos verwerfen. Trotzdem könnten die Vertreter dieser Hypothesen uns entgegenhalten: „unmöglich" sei die von ihnen angegebene Entstehungsart nicht, und mehr als die „Möglichkeit" unserer Hypothese sei im Grunde von uns auch nicht erwiesen. Wir wollen demnach hervorheben, was noch im besonderen unserer Hypothese den Vorzug vor den genannten verdienen muss.

Die Form des testament olographe findet sich im Norden Frankreichs[1]) nicht nur etwa in einzelnen coutumiers, sondern im droit coutumier ganz allgemein, während die nicht-eigenhändigen Testamente in den verschiedenen coutumiers verschiedene Formen zeigen. Nach unserer Hypothese ist dies ganz schlüssig, ja sie bedingt es geradezu: Das testament olographe ist ja Bestandteil des französisch-germanischen Rechtes vor dessen territorialer Einzelbildung, nicht eigene Schöpfung dieser; weil aber allen einzelnen coutumes das alte Recht gemeinsam zu Grunde liegt, so ist ihnen auch naturgemäss das testament olographe gemeinsam.[2])

[1]) cfr. Gans a. a. O. IV p. 195 ff.

[2]) Warnkönig u. Stein a. a. O. II p. 30 . . . teils die vorherrschenden Ideen in grösseren Strecken, ja die der Zeit und der Abstammung mussten

Wie lässt sich dieses aber mit der Hypothese von Warnkönig in Einklang bringen? Zugegeben, in einem einzelnen Territorium mochte sich gewohnheitsmässig herausgebildet haben, ein Testament ganz eigenhändig zu schreiben und diese Niederschrift als rechtsgültig anzusehen, höchst seltsam, dass dieses sich aber ganz gleich in den verschiedensten, mit einander in gar keinem Zusammenhange stehenden Territorien zugetragen haben sollte. Nimmermehr kann das der Fall sein. Eine Hypothese, die eine solche Möglichkeit voraussetzt, hat auf Glaubwürdigkeit keinen Anspruch. Dasselbe steht auch bei der Annahme der Entstehung des testam. ologr. aus dem testam. par. int. lib. in Betracht. Die gänzliche Verschiedenheit der beiden Formen haben wir festgestellt. Aber selbst wenn durch eigenartige Umstände in einem Territorium sich das test. ologr. aus dem test. par. int. lib. herausgebildet haben sollte, die Frage, warum denn das testam. ologr. allgemeine Testamentsform des ganzen droit coutumier geworden ist, bleibt unbeantwortet.

Hier erscheint es uns angebracht, darauf aufmerksam zu machen, dass die Verknüpfung des testament olographe im droit coutumier mit justinianischem Recht u. E. nach überhaupt verfehlt ist. Man denkt sich im allgemeinen den Vorgang zu schnell, in dem das Recht Justinians das römische Recht Frankreichs geworden ist. Und dann ist noch hinsichtlich dieses Vorganges das Gebiet des droit écrit scharf von dem des droit coutumier zu scheiden. Der Süden mit seinem ausgesprochenen römisch-rechtlichen Charakter musste jeder Entwickelung des römischen Rechtes selbst zugänglich sein. Als demnach durch den Unterricht auf Universitäten, wie Bologna, Montpellier und Toulouse, das Recht Justinians allgemein bekannt wurde, konnte es gleich seinen praktischen Einfluss auf das bestehende römische Recht ausüben. Durch die ohnehin römisch-

---

bewirken, dass in den Lokalrechten einzelner, ja mehrerer Provinzen dieselben Grundsätze jedesmal in einer konkreten Form zum Vorschein kamen.

rechtliche Grundlage aller südlichen coutumes fand das Recht Justinians gleichsam hier offene Thüren. Aber auch hier dürfen wir nicht meinen, dass sich nun mit einem Schlage das Justinianische Recht an die Stelle des vorjustinianischen, des Breviars, setzte. Mit der zweiten Hälfte des 13. Jahrhunderts beginnt das Vordringen des Justinianischen Rechtes, aber gewiss nicht früher als am Ende des 14. Jahrhunderts und noch später war diese Entwickelung abgeschlossen..., „ce ne sera qu'à partir du 14. siècle que l'enseignement des écoles fera pénétrer plus avant ses résultats dans les moeurs du pays et que le droit de Justinien sera substitué progressivement aux anciennes traditions du Code d'Alaric."[1])

Nun vergegenwärtige man sich die Rechtszustände im Gebiet des droit coutumier, und man wird den Einfluss, welchen das Recht Justinians nach seinem Aufblühen an den Universitäten auf die nördlichen coutumes ausgeübt haben mag, zu beurteilen wissen. Das rein germanische Wesen des coutumes-Rechtes im Norden schloss jede unmittelbare Wechselwirkung des auf den Hochschulen gelehrten Rechtes mit dem geltenden Rechte aus. Wie sollte das Recht Justinians hier Boden gewinnen, wo die ganze Tendenz des herrschenden ihm entgegenstand. Im Süden konnte sich wohl von Natur gleichartiges mit einander verbinden, der Norden, wo auch nicht mehr wie zu Zeiten des Personalitätsprinzips zu praktischer Anwendung römischen Rechtes Gelegenheit war, musste sich seinem ganzen Charakter nach dem Justinianischen Recht gegenüber exklusiv verhalten. Und das bezeugen uns auch die coutumiers des Nordens, die auch zur Zeit, in der sie das testament olographe aufweisen, ihr germanisches Gepräge nicht verloren haben. Erst viel, viel später gewann das justinianische Recht über ganz Frankreich solche Ausdehnung und Bedeutung, dass es auch im Norden zu einem Subsidiar-Rechte wurde und auch in der Praxis zur An-

[1]) Laferrière a. a. O. p. 255.

wendung kam.[1]) — In Hinblick hierauf wird es nicht angängig sein, die Justinianische Testamentsform des test. par. int. lib. für die Wurzel des testament olographe zu halten. Selbst, wenn wirklich zur Zeit, in der diese Testamentsform im droit coutumier aufgezeichnet ist, das Justinianische Recht in Nordfrankreich Fuss zu fassen begann, das testament olographe tritt uns doch nicht zuerst etwa in Urkunden aus der Gerichtspraxis, sondern als alte Landesgewohnheit entgegen. Und selbst bei Annahme einer möglichen Umwandelung des test. par. int. lib. in das testam. ologr., setzt diese doch wenigstens eine „longa consuetudo" voraus; wird sie doch selbst von den Vertretern der Meinung als eine „gewohnheitsrechtliche" bezeichnet. Auf jeden Fall wären wir genötigt, den Einfluss des Justinianischen Rechtes in Nordfrankreich auf eine solche frühe Zeit zu verlegen, wie es mit dem wirklichen Verlaufe der Geschichte nicht zu vereinbaren ist.

Damit sind wir am Schlusse unserer Erörterung über das testament olographe im droit coutumier. Der Weg, den wir von Anfang an als nutzbringend einzuschlagen uns vornahmen, hat uns zum Ziele geführt. Freilich eine Hypothese ist es auch nur, die wir an Stelle der bisherigen Hypothesen bezüglich des Ursprungs des testament olographe gesetzt haben. Wir mussten uns begnügen, die Haltlosigkeit dieser darzuthun und aus allgemeinen Gesichtspunkten die Richtigkeit unserer zu begründen. Damit kam es uns vor allem darauf an, auf die Richtung hingewiesen zu haben, die eine exakte Quellenforschung nunmehr einzu-

---

[1]) Savigny a. a. O. I p. 183 Anm. weist bei Gelegenheit einer Kritik der Ansicht von Berriat-Saint-Prix über die pays de droit écrit und de coutumes (Histoire du droit romain p. 218—231) auf den späten Einfluss des justinianischen Rechtes hin: „Der genannte Schriftsteller scheint also dadurch zu irrigen Ansichten veranlasst zu sein, dass er zwei Verhältnisse, die erst viel späteren Jahrhunderten angehören, fälschlich in die frühere Zeit hineingetragen hat: ich meine erstlich . . . und zweitens den Einfluss der Universitäten und der juristischen Schriftsteller auf die Rechtspraxis in Nordfrankreich.

schlagen hat, der es vorbehalten bleiben muss, das von uns logisch Deduzierte positiv nachzuweisen.[1])

§ 8. Das testament olographe im Code civil.

Seit der Zeit, in der das testament olographe uns als Rechtsinstitut des droit coutumier bekannt ist, verläuft seine weitere Geschichte einfach und offenkundig. Es wird bezüglich seiner nichts erwähnt, bis im August des Jahres 1735 durch eine Ordonnance das gesamte Testamentsrecht einer Reformation unterworfen wird. Bemerkenswert ist, dass diese Ordonnance es aber nicht unternahm, das Testamentsrecht für ganz Frankreich einheitlich zu regeln: die Scheidung in das Gebiet des droit coutumier und des droit écrit bleibt bestehen.

Die Veranlassung zu der Ordonnance boten Meinungsverschiedenheiten, die sich über eine Menge wichtiger testamentsrechtlicher Fragen in der Wissenschaft herausgebildet und zu einer schwankenden Rechtsprechung geführt hatten.[2]) Diese Unsicherheit sollte durch klare Rechtssätze beseitigt werden.

Was das Gebiet des droit écrit betrifft, „le testament olographe n'était admis que pour les dispositions en faveur des enfants et descendants, soit par voie d'institution, soit par voie de partage, pour les dispositions faites par des militaires employés aux armées, et pour les dous faits aux églises ou aux pauvres.“[3]) Wir sehen, dass das testament olographe durch die Ordonnance v. J. 1735 auch für den

---

[1]) Bei der Frage nach dem Zusammenhang des test. ologr. im droit coutumier mit dem röm. test. hologr. ist es vielleicht fruchtbar, auch die gleiche Terminologie des „holographum“ in Erwägung zu ziehen. Des Verf. philolog. Kenntnisse sind dazu jedoch unzureichend. Nur darauf sei aufmerksam gemacht: „eigenhändig“ wird im französischen nicht nur mit „olographe“, sondern auch mit „autographe“ wiedergegeben. Es gälte nun festzustellen, wo das Wort „olographe“ herstammt. Ist es ursprünglich thatsächlich nur rein technisch für Testamente gebraucht worden, so ist damit schon ein wichtiger Fingerzeig vorhanden.

[2]) Chabot de l'Allier a. a. O. p. 386.

[3]) Chabot de l'Allier a. a. O. p. 386.

Süden praktisch wird, obwohl es hier zu einer privilegierten Testamentsform wird, die nur für bestimmte Personen und nur zu bestimmten Zwecken zulässig ist. Ausgenommen sind natürlich die vereinzelten Territorien im Gebiet des droit écrit, in denen von jeher und ununterbrochen das testament olographe allgemeine Geltung besessen hatte, wie Auvergne und Mâçonnais; für diese Gebiete wurde auch durch die Ordonnance die allgemeine Geltung des testament olographe aufrecht erhalten.[1])

Überall blieb insbesondere der Grundzug des römischen Testamentsrechts im Süden unverletzt dadurch, dass auch nach der Ordonnance das Fundament jeglichen Testamentes die „l'institution héritier" die Erbeinsetzung ausmachte: elle y était absolument indispensable."[2])

Für das pays de droit coutumier blieb durch die Ordonnance das testament olographe in seiner allgemeinen Bedeutung bewahrt, genau in demselben Masse, wie es vorher bestanden hatte. Es war hier auch umsoweniger eine Verschärfung der Testamentsformen notwendig, als auch sonst die Ordonnance das materielle Testamentsrecht des Nordens beim alten liess, welches neben dem gesetzlichen Erbrecht nur eine geringe Bedeutung hatte und dies in der Unmöglichkeit, testamentarisch Erben zu ernennen, zum Ausdruck brachte.[3])

Während so die Ordonnance von 1735 hinsichtlich der Geltung und Anwendung des testament olographe nicht einschneidend eingreift, hat sie doch eine für die Form des testament olographe selbst richtige Bestimmung getroffen. „Tous testaments, codicilles", sagt der Art. 38 dieses Gesetzes, . . . en quelque pays et en quelque forme qu'ils soient faits, contiendront la date des jours, mois et an, et ce encore qu'ils fussent olographes.[4]) Wie aus diesen Worten erhellt, ist das Erfordernis der genauen

---

[1]) Chabot de l'Allier a. a. O. p. 386 a. E.

[2]) „ „ „ „ p. 387.

[3]) „ „ „ „ p. 388.

[4]) cfr. M. Claude-Marie Rouyer a. a. O. ad Art. 289.

Datierung nicht gerade speziell und allein für das testament olographe, sondern als für alle schriftlichen Testamente notwendig aufgestellt worden. — Von dem testamentum holographum der Novelle Valentinians sind nun schon zwei Abweichungen vorhanden. Während dort noch die ganze Eigenhändigkeit des Contextes genügte, war im droit écrit bereits die eigenhändige Unterschrift hinzugekommen.

Die Form des testament olographe, wie sie sich nach der Ordonnance ergiebt: eigenhändige Niederschrift des Contextes, eigenhändige Unterschrift und Datumsangabe des Testators,[1]) ist für das französische Recht bis auf den heutigen Tag festgehalten worden. Insbesondere sind wir genau davon unterrichtet, dass nach der Ordonnance ein drittes Moment, nämlich die Angabe des Ortes, an dem das Testament errichtet worden ist, für nicht essentiell erachtet wurde: „Cette question a donné lieu à un arrêt postérieur à l'ordonnance rendue entre le marquis du Chateler et Madame la Présidente Tolon, confirmativ d'une sentence des requèts du Palais, qui avoit déclaré bon et valable le testament olographe de M. Regnault, Maître de Requêtes, daté du jour, du mois et de l'an; mais ou y avoit point marqué de lieu où il avoit été fait.“[2]) Dass dieser Streitfall aber überhaupt vorkam, beweist uns, dass die Angabe des Ortes ganz allgemein üblich war. Gesetzliches Erfordernis ist sie auch heute nicht in Frankreich,[3]) zum Unterschiede von anderen Ländern, in denen die Ortsangabe beim eigenhändigen Testament gesetzlich erfordert wird.[4])

Durch das Gesetz vom 3. Mai 1803 (Republikanischer Kalender: 33. Floréal an XI) hat der Code Napoléon die

[1]) Es ist in dem Art. 38 der Ordonnance zwar nicht ausdrücklich die eigenhändige Angabe des Datums verlangt; aber dies wohl nur darum, weil dieses Erfordernis hier nicht speziell für das test. ologr. aufgestellt wird; nach Sinn und Inhalt der Bestimmung ist aber zu interpretieren, dass die Angabe des Datums beim test. ologr. von der Hand des Testators zu erfolgen hat.

[2]) cfr. Claude-Marie Rouyer a. a. O. ad Art. 289.

[3]) cfr. Code civil Art. 970.

[4]) cfr. Bürgerl. GB. für das Deutsche Reich § 2231 No. 2; Badisch. LRS. Art. 970.

ganze Materie der Testamente neu geregelt. Aber auch bei dieser Neuregelung kommt in erster Linie nur der Inhalt des materiellen Rechtes in Betracht. Das testament olographe ist, wie schon bemerkt, in seiner Form unverändert aus dem früheren Rechte übernommen worden: Art. 970: Le testament olographe ne sera point valable, s'il n'est écrit en entier, daté et signé de la main du testateur; il n'est assujetti à aucune autre forme. Trotzdem ist die Aufnahme des testament olographe im Code civil für dieses von der weittragendsten Bedeutung gewesen: nämlich hinsichtlich seines Geltungsbereiches. Die Kodifikation Napoléons bezweckte die durch die Scheidung Frankreichs in das pays de droit écrit und das pays coutumier seit Jahrhunderten vorhandene Rechtsverschiedenheit zu beseitigen und an ihre Stelle ein einheitliches Recht für ganz Frankreich zu setzen. Darum trat der Code civil des Français v. 20. März 1804 (30. Ventôse an XII) als absolutes Gesetzbuch auf. Damit ist seit dem Code civil das testament olographe allgemeines Rechtsinstitut in Frankreich von räumlich unbeschränkter Geltung.

Die nicht nur für die Geltung des testament olographe in Frankreich, sondern auch für seine Geltung in vielen andern Ländern bedeutsame Aufnahme des testament holographe in den Code civil, kann von vorneherein nicht als eine selbstverständliche erscheinen. Bei der einheitlichen Gestaltung des Rechtes in Frankreich hätte es nahe gelegen, die römischen und germanischen Elemente möglichst sinngemäss zu verschmelzen (freilich in grundlegenden Fragen hätte doch dem einen oder dem andern die Herrschaft eingeräumt werden müssen). Eine solche möglichste Vereinigung von römischem und germanischem Recht, wie sie noch jüngst das deutsche Bürgerliche Gesetzbuch weitgehend und im ganzen mit Erfolg versucht hat, wurde aber im Code civil nicht angestrebt. Da kam es darauf an, dem Recht des Südens oder dem des Nordens den Vorzug zu geben. Die Verfasser haben das letztere gethan; sie haben hauptsächlich aus der coutume de Paris und damit aus germanischem Rechte geschöpft. Wäre das Testamentsrecht des Südens, das römische Recht, aufgenommen worden, so ist es durchaus nicht sicher, dass Raum für die Form des testament olographe gewesen wäre. Die so eminente Macht der Testamente im römischen Recht mit der freien Verfügbarkeit über das gesamte Vermögen, mit der alleinigen Erbenschaffung des Testators wäre wahrscheinlich wenigstens vom Gesetz durch strenge Formen vor Missbrauch gesichert und geschützt worden. Dadurch, dass aber der Code civil sich im ganzen und auch hinsichtlich der Testamente den germanischen Anschauungen zuwandte, konnte auch die im Norden tief eingewurzelte Form des testament olographe nicht übergangen werden. Trotzdem das testament olographe römischen Ursprunges ist, hat es sich doch durch den Verlauf der Jahrhunderte im germanischen Rechte erhalten und hier bewährt. So können wir mit Recht die Aufnahme des testament olographe in den Code Napoléon trotz dieses römischen Ursprunges aus dem überwiegend germanischen Charakter des französischen Rechtes erklären und begründen.

3. Kapitel.

Das eigenhändige Testament im deutschen Bürgerlichen Gesetzbuch.

Als Rechtsinstitut des Code civil hat das eigenhändige Testament auch über die Grenzen Frankreichs hinaus weite Verbreitung gefunden. Der Code civil diente nicht nur späteren Kodifikationen zum Vorbild, sondern wurde in manchen Ländern selbst, sei es im Originaltext, sei es in Übersetzungen, als geltendes Gesetzbuch eingeführt.[1]) In allen diesen Ländern hat das eigenhändige Testament keine selbständige Geschichte, es ist die Geschichte des französischen testament olographe.

Dieses letztere gilt auch umfassend für das eigenhändige Testament in Deutschland. Aber hier sind zu

[1]) Belgien, Italien, Baden.

scheiden die Gebiete, in denen das eigenhändige Testament bereits bis zum Jahre 1900 als Testamentsform des dort partikularrechtlich geltenden Code civil in Kraft war, und das übrige Deutschland, für welches erst das Bürgerliche Gesetzbuch vom Jahre 1900 ab das eigenhändige Testament geschaffen hat.

Abgesehen von denjenigen deutschen Gebietsteilen, in welchen nach den Kriegen von 1806 und 1807 zwar der Code Napoléon eingeführt wurde, aber nach den Freiheitskriegen seine Herrschaft wieder aufhörte,[1] galt das eigenhändige Testament als Bestandteil des Code civil bis zum Jahre 1900 in den linksrheinischen Teilen der preussischen Rheinprovinz und einigen rechtsrheinischen Teilen (früherem Grossherzogtum Niederrhein), in der Pfalz, Rheinhessen, Baden,[2] im linksrheinisch belegenen oldenburgischen Fürstentum Birkenfeld und in Elsass-Lothringen.[3] Vom Jahre 1900 ab ist diese partikulare Geltung des Code civil beseitigt, und an seine Stelle das Reichsrecht des deutschen Bürgerlichen Gesetzbuches getreten. Hinsichtlich des eigenhändigen Testamentes hat sich aber für diese Länder insofern nichts geändert, als auch dieses Gesetzbuch die Form des eigenhändigen Testamentes kennt. Vom Jahre 1900 gilt das eigenhändige Testament in Deutschland nirgends mehr als partikularrechtliches Institut, sondern als Testamentsform des deutschen Reichsrechtes.

Wie bemerkt hat auch das eigenhändige Testament im deutschen Rechte keine eigene Entwickelungsgeschichte. Das Bürgerliche Gesetzbuch, das für den weitaus grössten Teil Deutschlands diese Testamentsform überhaupt zuerst eingeführt hat, verdankt das eigenhändige Testament gleichfalls dem Code civil.

Ein heisser Kampf ging der Aufnahme dieser Testaments-

---

[1]) Danzig i. J. 1807 Königreich Westfalen 1809. Dann in vielen Rheinbundstaaten.

[2]) Hier in der Übersetzung als Badisches Landrecht v. J. 1809.

[3]) cfr. Karte des im Deutschen Reiche geltenden Privatrechts von R. Stammler (Beilage zu: Übungen im bürgerl. R. 1. Teil).

form in das Gesetzbuch voraus. Die Vorschrift des jetzigen § 2231 No. 2: „Ein Testament kann in ordentlicher Form errichtet werden durch eine vom Erblasser unter Angabe des Ortes und Tages eigenhändig geschriebene und unterschriebene Erklärung“ beruht auf Reichstagsbeschluss.

Der Rechtsboden in Deutschland war für die Einführung des eigenhändigen Testamentes im ganzen ungünstig. Das preussische Landrecht kannte überhaupt kein Privattestament, das gemeine Recht nur das feierliche, vor sieben Zeugen errichtete. Letzteres wollte man von vorneherein nicht in das neue Recht übertragen. Die Erfahrungen mit dem ALR. liessen die Form des Privattestamentes ganz unnötig erscheinen. So enthielt denn der dem Reichstag vorgelegte Entwurf in seinem § 2205 nur die Form des öffentlichen Testamentes: „Ein Testament kann in ordentlicher Form nur vor einem Richter oder vor einem Notar errichtet werden.“ Wie schroff ablehnend man sich dem Privattestamente, insbesondere dem eigenhändigen Testamente gegenüber verhielt, erhellt aus der Denkschrift des Bundesrates an den Reichstag bei Gelegenheit der BGB.-Vorlage. Es sei notwendig, eine Testamentsform vorzuschreiben, durch welche die Echtheit und der Inhalt des letzten Willens sichergestellt würden, und durch welche andererseits die Gefahr von Mängeln, welche die Gültigkeit des Testamentes in Frage stellten, nach Möglichkeit ausgeschlossen bleibe. „Der Entwurf lehnt demgemäss das Privattestament als ordentliche Testamentsform ab. — Das schriftliche, unter Zuziehung von Zeugen zu errichtende Privattestament des Gemeinen Rechts .... giebt leicht zu Formfehlern Anlass und bietet auch keinen ausreichenden Schutz gegen etwaige Beeinflussungen. Noch stärker macht sich das letztere Bedenken bei dem ohne Zuziehung von Zeugen zu errichtenden eigenhändigen (sog. holographen) Testamente des französischen und des badischen Rechtes ... geltend.“ Auf der andern Seite sei in dem grossen Gebiete des preussischen Rechtes, welches nur das öffentliche Testament kenne, niemals das Bedürfnis hervorgetreten, durch Zulassung des Privattestamentes die Errichtung letztwilliger Verfügungen zu erleichtern.[1])

Aber diese Ausführungen überzeugten nicht allgemein. Vor allem die parlamentarischen Vertreter derjenigen Gebietsteile, in denen das Privattestament, und zwar das eigenhändige, in Geltung war, sich bewährt hatte und im Volke eingewurzelt war, waren nicht geneigt, diese Form aufzugeben.[2]) Gleich in der Reichstagskommission wurden bezüglich des § 2205 zwei Abänderungsvorschläge eingebracht a) den § 2205 Abs. 1 dahin zu fassen: „Ein Testament kann in ordentlicher Form sowohl vor einem Richter oder einem Notar als auch eigenhändig errichtet werden,“ und im Anschluss daran durch einen neuen Paragraphen zu bestimmen: „Zur Errichtung eines eigenhändigen Testamentes ist erforderlich, dass der Erblasser die Verfügung ihrem ganzen Umfange nach eigenhändig schreibt, datiert und mit seinem Namen unterzeichnet;“ b) den § 2205 in folgender Weise zu fassen: „Ein Testament kann in ordentlicher Form vor einem Richter oder einem Notar oder eigenhändig errichtet werden. Das eigenhändige Testament muss von der Hand des Erblassers durchaus geschrieben und unterzeichnet, auch mit Ort, Tag und Jahr versehen sein. Das eigenhändige Testament kann an einer zur Verwahrung von Testamenten zuständigen Stelle abgegeben werden.“

Aus dem Kommissions-Bericht ist zu ersehen, wie eingehend man über das Für und Wider des eigenhändigen Testamentes disputierte. Zwei Standpunkte treten besonders hervor: der eine geht davon aus, es läge kein Grund vor, die Wohlthat der durch Bequemlichkeit und Billigkeit sich auszeichnenden Form des eigenhändigen Testamentes denjenigen, welche sich bereits im rechtlichen Genusse derselben befänden, zu entziehen, da nur beabsichtigt sei, diese Form neben die strengen des Entwurfes treten zu lassen

[1]) Denkschrift p. 294.

[2]) Über das Folgende vergleiche man den Reichstagskommissionsbericht. Auszug findet sich in der Ausgabe des BGB. von Haidlen zu § 2231 No. 2.

und dieselbe niemandem aufgedrängt werden solle, dem der Gebrauch derselben nicht anstehe. Andere, in erster Reihe die Vertreter der verbündeten Regierungen, beobachteten, unter ähnlicher Begründung, wie sie die Denkschrift giebt, einen entgegengesetzten Standpunkt. Der Geltungsbereich des beantragten reinen holographen Testamentes sei nur der beschränkte im Geltungsgebiet des französischen und badischen Rechtes. Es wäre angebracht, es bei den strengeren Formen des Entwurfes für Testamente bewenden zu lassen; dieselben entsprächen doch dem im grössten Teile Deutschlands geltenden Rechte. Hervorgehoben zu werden verdient, dass der ausführlichen Darlegung der Vorzüge der strengen Testamentsformen und der Nachteile des eigenhändigen Testamentes von dieser Seite, die Vertreter der bayrischen und badischen Regierung gegenüber erklärten, dass ihre Regierungen im Bundesrat einen andern Standpunkt eingenommen hätten; dieselben besorgten von der Zulassung des privatschriftlichen Testamentes keine Gefahr; diese Form letztwilliger Verfügungen sei, wie ihr gewachsenes Geltungsgebiet in der Kulturwelt beweise, doch dasjenige der Zukunft.

Mit 12 gegen 8 Stimmen beschloss endlich die Kommission in erster Lesung, die Einführung des privatschriftlichen Testamentes zu empfehlen. In einer zweiten Lesung wurde nochmals die Festhaltung der Bestimmungen des Entwurfs, d. h. der von demselben in § 2205 bestimmten strengeren Testamentsform beantragt. Noch einmal wurden die Ansichten eingehend begründet; von den Gegnern des eigenhändigen Testamentes wurde u. a. betont, dass die vorgeschlagene Zulassung einer Niederlegung der privatschriftlichen Testamente an einer öffentlichen Stelle keinen Wert habe, wenn sie nicht wenigstens obligatorisch gemacht werde. Die Kommission hielt indessen ihren Beschluss erster Lesung aufrecht.

Der Reichstag folgte dem Kommissionsvorschlage; der in die Kommission eingebrachte Antrag b wurde in etwas veränderter Fassung angenommen. Damit war das eigenhändige Testament ordentliche Testamentsform des deutschen bürgerlichen Rechtes.

4. Kapitel.

Das eigenhändige Testament in Österreich.

Die ganze bisher gegebene Entwickelungsgeschichte des eigenhändigen Testamentes, die uns vom Altertum bis auf die Gegenwart geführt hat, wäre geeignet die Meinung zu erwecken, dass das französische Recht diese Testamentsform der neuen Zeit geschenkt hat. Bis in die modernste Gesetzesschöpfung konnten wir die Geschichte des eigenhändigen Testamentes verfolgen — und damit scheint unsere Aufgabe beendigt zu sein.

Dem ist aber nicht so. Neben dem von uns bis jetzt nachgegangenen Hauptstrom der Geschichte des eigenhändigen Testamentes läuft parallel ein zweiter, gleichfalls unversiegt bis auf die Gegenwart: die Geschichte des eigenhändigen Testamentes in Österreich.

Was den Ursprung dieser Testamentsform in Österreich betrifft, so sind wir nicht in der Lage, darüber Bestimmtes auszusagen. Im 16. Jahrhundert tritt sie uns zuerst entgegen, aber bereits da wird sie als „altgewohnt" bezeichnet. Da die Geschichte uns im Stich lässt, so erübrigt es sich u. E. sich Vermutungen über seine Entstehung hinzugeben. Als falsch können wir die Ansicht Pfaff-Hofmanns,[1]) dass das eigenhändige Testament durch Vermengung der Form und der Beweisfrage zur Anerkennung gekommen sei, für Österreich nicht zurückweisen. Irrig ist es aber, durch Analogie für das testament olographe in Frankreich die gleiche Entstehungsart anzunehmen. Für Frankreich bringt uns eine exakte Geschichtsbetrachtung positiv zu einem andern Resultate.[2]) Für Österreich fehlen uns alle Quellen, und da mag die angegebene Vermutung als eine mögliche

[1]) Pfaff u. Hoffmann a. a. O. II 1 p. 140 II bes. Anm. 5.

[2]) Siehe Kap. 2 § 7.

Entstehungsart ihren Platz behaupten. Ohne uns gerade für sie aussprechen zu wollen, scheint uns diese Vermutung aber auch für Österreich um vieles berechtigter zu sein, als wie für Frankreich. Wie unbestritten heutzutage das eigenhändige Testament eine Solennitätsform ist, so ist sie dies auch im droit coutumier gewesen. Eigenhändige Schrift und eigenhändige Unterschrift sind bereits mehr, als wie bloss zum Beweise notwendig ist. Es ist, den Verhältnissen angepasst, eine sehr leichte Form, aber immerhin eine „Form". Wie anders klingt es, wenn wir in den coutumiers die festen Vorschriften vernehmen, die notwendig zu der Gültigkeit eines eigenhändigen Testamentes gehören, als wenn wir in Bezug auf Österreich die Worte Donners hören:[1]) „Wir können, was wir wollen, wenn nur der Wille klar und deutlich ausgedrückt wird. Wir haben auch keine rechtlichen Feierlichkeiten, oder leeres Wortgepräng zu beobachten. Es ist zwar keine besondere Verordnung hierüber zu finden; allein es ist der allgemeine Gebrauch. Wir fordern auch nichts als den natürlichen Beweis, so wie in anderen Sachen, und dieses ist abermals des Landes Gebrauch."

Unverkennbar weisen fast sämtliche Bestimmungen, die wir vom 17. Jahrhundert ab in Österreich über das eigenhändige Testament finden, darauf hin, dass es hauptsächlich auf die Sicherheit für die Echtheit der Urkunde ankommt.[2]) Andererseits — und das spricht u. E. gegen die aufgestellte Vermutung auch für Österreich — ist es aber auch augenscheinlich, dass wir einen allmählichen Übergang von einer thatsächlichen Form des eigenhändigen Testamentes zu einem formlosen beobachten können. Man vergleiche nur die citierten Worte Donners, die für den Zustand des eigenhändigen Testamentes im 18. Jahrhundert massgebend sind, mit dem ersten Gesetze, das wir über das eigenhändige Testament in Österreich kennen, der

[1]) Donner: Die österreich. Rechte I p. 2167 (1777).

[2]) Man vergleiche die verschiedenen Beispiele in den: Consuetudines Austriacae etc. per Jan. Baptistam Suttinger.

Stadtordnung Ferdinands I. für Wien vom 12. März 1526.[1]) Dort wird verlangt, dass das Testament eigenhändig geschrieben, dass es datiert, und dass es besiegelt sein muss, um „der zierlichait halben für krefftig geacht (zu) werden." Das ist doch unmöglich als formlos zu bezeichnen. Und dass in älterer Zeit in der That auch das eigenhändige Testament als Solennitätsakt aufgefasst worden ist, mögen die Worte Beckmanns[2]) erhärten: „Testamentum holographicum oder des Schäfftingers eigenhändig geschriebenes, unterschriebenes und sigillirtes Testament, ist in Ertz-Herzogtum Österreich und Herzogtum Steyer firmissimum, licet nullus adfuerit testis . . . satis est, weil ein solches Testament, das der Testator durchaus im ganzen context mit eigener Handschrift verfertigt und mit seinem Petschaft bekräfftigt, das gewisseste Zeug ist, und keine grössere oder kräfftigere solennität oder Beweiss . . . erfordert."

Nach diesem ist wohl am richtigsten dahin zu halten, dass in früherer Zeit auch in Österreich das testamentum holographum eine bestimmte solenne Testamentsform gewesen ist; dass erst später, besonders unter dem Einflusse des Naturrechts, sich die Richtung geltend machte, die Solennitätsform der Testamente zu einer blossen Beweisform abzuschwächen. Dies geschieht nicht nur bezüglich des eigenhändigen Testamentes, sondern der Testamente überhaupt. Das geht sowohl aus den angeführten Worten Donners hervor, wie auch wird es durch den Wiener Heineccius (1796) bestätigt:[3]) „In Österreich ist zu einem . . . Testamente, was die äusseren Feyerlichkeiten betrifft,

[1]) Cod. Austr. II p. 488 f. cfr. ferner: Finsterwalder: Pract. observ. ad consuetudines Austriae superioris (Salzburg 1867) lib. II obs. 117: „Wann jemand sein Testament und letzten Willen von Anfang bis zu Ende mit eigener Hand durchauss schreibet, also dass darin keine fremde Schrift eingemischt, und dann ferner solches mit seinem Insiegel oder Petschaft, es sei in- oder auswendig, verfertigt, so ist solches Testament vermöge uralten Landesgebrauch für kräftig und zierlich zu halten, unerachtet eines andern erbettnen Nebenzeugen oder Mitfertigers Sigil, Petschaft oder Unterschrift mit darbey zu finden."

[2]) cfr. Pfaff u. Hofmann a. a. O. Anm. 13.

[3]) Institutiones § 500.

nichts erforderlich, als dass der Erblasser die Vorschrifften des Naturrechts beobachte. Daher gilt bei uns ein Testament, welches vor zwey Zeugen errichtet worden ist, wenn diese auch Weibspersonen sind. Ist das Testament eigenhändig geschrieben, so gilt es auch ohne Zeugen, wenn man nur weiss, dass dieses wirklich die Handschrift des Erblassers ist."

Unter dieser Herrschaft des Naturrechtes im 18. Jahrhundert ist von einem „eigenhändigen Testament" im technischen Sinne gar nicht zu reden. Ein solches wurde erst wieder durch das Westgalizische Gesetzbuch II § 373[1]) geschaffen, das vorschreibt: „Wer schriftlich und ohne Zeugen testieren will, der muss das Testament oder Kodizill eigenhändig schreiben, den Tag, das Jahr, den Ort seines gegenwärtigen Aufenthaltes darunter setzen, sich mit seinem Vor- und Geschlechtsnamen unterzeichnen und sein Petschaft, Siegel oder andere Zeichen beidrücken."

Dieser Paragraph bildete die Grundlage bei der Beratung über die Aufnahme des eigenhändigen Testamentes in das allgemeine österreichische bürgerliche Gesetzbuch.[2]) Dass das eigenhändige Testament dem neuen Rechte einverleibt wurde, musste wegen seiner Jahrhunderte langen Geltung im Lande von vorneherein sicher sein. Nur von einer Seite wurde dem widersprochen[3]) und mit allen, ausgenommen der einen Stimme, die Beibehaltung dieser Form beschlossen. Bedeutend länger dauerte es aber, bis der endgültige Text festgesetzt war. Die Unnötigkeit der Siegelung wurde bald allgemein anerkannt, aber Meinungsverschiedenheit verursachte die Frage, ob Datum und Unterschrift wesentlich sein sollten. Wie aus dem Protokoll vom 23. Januar 1804 ersichtlich, wurde zunächst folgender Text festgestellt: „Wer schriftlich und ohne Zeugen testieren

[1]) Über die Entstehung dieses und seine Bedeutung für das österr. allg. BGB. cfr. Zeiller: Kommentar z. österr. BGB. Bd. I § 10.

[2]) Ausführlichere Darstellung der Beratungen siehe bei Pfaff u. Hofmann a. a. O. II, 1 ad § 578 III.

[3]) Von dem berühmten österr. Juristen Zeiller.

will, der muss das Testament eigenhändig schreiben, den Tag, das Jahr, den Ort seines gegenwärtigen Aufenthaltes beisetzen und sich mit seinem Namen unterzeichnen." Bei der Revision (Protokoll vom 17. August 1807) und der Superrevision (30. Nov. 1809) machte sich im ganzen die Richtung geltend, wegen eines Formfehlers ein Testament nie ungültig sein zu lassen. Bezüglich des Datums und des Ortes drang dieser Gesichtspunkt durch, bezüglich der eigenhändigen Unterschrift nicht. So ist der § 578 des Gesetzbuches mit seiner Aufstellung der notwendigen und der nur empfehlenswerten Förmlichkeiten für das eigenhändige Testament zustande gekommen: „Wer schriftlich und ohne Zeugen testieren will, der muss das Testament oder Kodizill eigenhändig schreiben und eigenhändig mit seinem Namen unterfertigen. Die Beisetzung des Tages, des Jahres und des Ortes, wo der letzte Wille errichtet wird, ist zwar nicht erforderlich, aber zur Vermeidung der Streitigkeiten rätlich." —

Hiernach verlangt das österreichische eigenhändige Testament weniger Erfordernisse, als das des französischen und des deutschen Rechtes. Essentiell sind nur dieselben Momente, wie im droit coutumier vor Erlass der Ordonnance im Jahre 1735. In aufsteigender Linie finden wir demnach als Form des eigenhändigen Testamentes in dem geltenden Rechte Österreichs, Frankreichs und Deutschlands a) Allg. österr. BGB. § 578: Eigenhändige Schrift des Contextes und eigenhändige Unterschrift. b) Code civil Art. 970; Eigenhändige Schrift des Contextes, eigenhändige Unterschrift und eigenhändige Angabe des Datums. c) BGB. für das Deutsche Reich: Eigenhändige Schrift des Contextes, eigenhändige Unterschrift, eigenhändige Angabe des Datums, und eigenhändige Angabe des Ortes der Errichtung.

Zweites Buch.

Die Voraussetzungen und Wirkungen des eigenhändigen Testamentes nach dem deutschen Bürgerlichen Gesetzbuch.

1. Kapitel.

Die Voraussetzungen des eigenhändigen Testaments.

§ 1. Über „Testamentsform" im allgemeinen.

Bei der Beratung über die Einführung dieser oder jener Form mögen wohl verständlicher Weise Meinungsverschiedenheiten über ihre zweckmässigste Fassung stattfinden. Gesetzgeberisch nicht schwierig ist jedoch die beschlossene Vorschrift in einem entsprechenden Wortlaut wiederzugeben, da ja nichts anderes auszudrücken ist, als wie: das und das muss zur Erfüllung der Testamentsform gethan werden. So sind auch wirklich Streitigkeiten über die Interpretation des Wortlautes einer Testamentsform höchst selten.[1]) Desgleichen leuchtet es ohne weiteres ein, dass die Subsumption eines konkreten Falles unter eine solche Formvorschrift an sich durchaus einfach ist; sind ja keine komplizierten Erscheinungen in ihrem Wesen zu erkennen, sondern nur schematisch zu vergleichen, ob die

[1]) Als solche Ausnahme kann gelten die verschiedene Ansicht darüber, ob unter den Worten des österr. GB. § 601 „vorgeschriebene Erfordernisse" die sogen. inneren und äusseren Förmlichkeiten zu verstehen seien oder nur die letzteren. cfr. Pfaff u. Hofmann a. a. O. II, 1 ad § 601. Siehe auch p. 93 Abs. 3.

Erfordernisse erfüllt sind oder nicht. Da muss es Wunder nehmen, dass trotz alle diesem in Theorie und Praxis hinsichtlich der sich auf die Testamentsförmlichkeiten beziehenden Fragen keine Einstimmigkeit herrscht. Mit Recht sollte man glauben, auf diesem Gebiete sei kaum ein Raum für Streit vorhanden. Die gegenteilige Thatsache findet dahin ihre Erklärung, dass man sich nicht über die Bedeutung der Testamentsformen im allgemeinen klar wird, und infolge prinzipieller Irrtümer naturgemäss bei der Beurteilung von Einzelfällen fehl geht. Man folgt im einzelnen einem subjektiven Gefühle, ohne sich bewusst zu werden, dass nur ein allgemein gültiger Massstab die Richtschnur für eine objektiv richtige Erkenntnis irgend eines Problems abgeben kann.

Die Errichtung eines Testamentes in ordentlicher Form bedeutet einen Solennitätsakt, d. i. ein solcher, der eine gewisse Feierlichkeit in sich birgt.

Die Geschichte lehrt uns, dass je jugendfrischer ein Volk ist, desto reichhaltigere Formen aufweist, desto strenger sie zur Anwendung bringt. Erst auf späteren Entwickelungsstufen werden die Rechtsgebilde nüchterner und einfacher.

Pfaff-Hofmann[1]) will diese Erscheinung auf ein allmähliches Erlahmen der Phantasie und auf eine Abneigung gegen alles, was auf diese wirken soll, zurückführen. Sein Vergleich, es sei hierbei mit den Völkern ebenso, wie bei den Individuen, ist indessen mehr anmutend als treffend. U. E. ist vielmehr eine zu grosse Üppigkeit und Strenge in den Rechtsformen ein Luxus, den sich ein Volk in vorgeschrittener Kultur nicht mehr leisten kann. Enge, patriarchalische Zustände vertragen wohl schwierige und damit schwerfällige Rechtsformen; ein ausgedehntes und lebhaftes Verkehrsleben muss sich von ihrem Ballast befreien, um sich gedeihlich entfalten zu können. Nicht dass die spätrömischen und byzantinischen Gesetzesverfasser über die subtilitatis ludibria, die scrupulosae solennitates, die multae

[1]) cfr. Pfaff u. Hofmann a. a. O. II, 1 p. 132.

ambages scrupulosique circuitus, die inutiles antiquitates et differentiae des älteren römischen Rechtes sich aufhalten, weil die ganze Zeit überhaupt nüchterner geworden war — wir brauchen bloss an das mit den glänzendsten Formen ausgestattete Hofceremoniell zu denken — sondern weil die Rechtssubtilitäten der neuen Zeit nicht gerecht zu werden vermochten. Wirtschaftliche Ursachen waren es, die an Stelle des alt-römischen ius civile das geschmeidigere ius gentium treten liessen, wirtschaftliche Ursachen waren es, die in neuerer Zeit neben einem allgemeinen bürgerlichen Recht noch ein Sonder-Handelsrecht entwickelten.

Ob in dem Rechte späterer Zeit überhaupt noch Platz für Solennitätsformen sein wird, mag dahin gestellt bleiben. Sicher ist, dass dieselben, wenn auch in grosser Abschwächung sich bis auf den heutigen Tag erhalten haben, und dies ganz besonders im Testamentsrecht.

Solange die Solennität der Testamentsformen in Beobachtung einer Menge von Einzelheiten bestand, konnte an dem Charakter der Solennitätsakte kein Zweifel entstehen. Abgesehen davon, dass sie eben allgemein die Bedeutung der Testamentserrichtung kennzeichnen sollten, waren sie als solche Selbstzweck:[1]) um ihrer selbst willen wollten sie befolgt sein. Als sich dann aber die Solennitätsform vereinfachte, für die Errichtung eines Testamentes nur noch wenige Handlungen verlangt wurden, verfiel man in den verhängnisvollen Irrtum, diesen Selbstzweck der Solennitätsakte zu verkennen, sie als blosses Mittel zum

[1]) cfr. Endemann a. a. O. §. 26. Wenn der Verfasser sagt: „Es ist Sorge zu tragen, dass die Form nicht zum „Selbstzwecke" werde, sie ist vielmehr auf das unentbehrliche Mass einzuschränken", so ist das vom Standpunkt des Gesetzgebers gemeint und vollständig zutreffend. Siehe p. 71 Abs. 2. Von uns ist gemeint: die einmal erlassene Form ist absoluter Selbstzweck. Es ist nicht danach zu fragen, ob sie im konkreten Falle zur Erreichung eines bestimmten Zweckes erforderlich ist. cfr. Zacharias-Crome. Handbuch des franz. Civil-R. IV p. 271: Ist einer Formvorschrift nicht genügt, so ist das Testament nichtig, ohne dass danach zu fragen ist, ob im gegebenen Falle aus der Nichtbeobachtung der in Frage stehenden Formen ein Nachteil entstanden sei.

Zweck des Echtheitsnachweises einer letztwilligen Verfügung anzusehen.[1]) Den klassischen Ausdruck findet diese Ansicht in den Worten Zeillers: „Die Solennitätsform ist die für dieses Rechtsgeschäft rechtlich vorgeschriebene Beweisart.“ [2]) Selbstverständlich ist aber nicht die Qualität der Solennitätsform als solche verändert worden, sondern nur die Qualität der einzelnen Akte.

Dieser Irrtum führte dann konsequent zu der Anschauung, dass eine letztwillige Anordnung wegen Formfehlers nie ungültig sein solle, sobald sie nur anderweitig erwiesen wird, wie sie auch wirklich de lege ferenda des österreichischen Gesetzbuches vertreten wurde.[3])

Die durch die Formalität herbeigeführte Erleichterung und Sicherung des Beweises ist nur ein Moment unter den zahlreichen andern, die die gesetzliche Aufstellung von Formvorschriften rechtfertigt.[4]) Die Form soll „den Erblasser an die Bedeutung und Wichtigkeit der Handlung, welche er vornimmt, erinnern, ihn in eine ernste Stimmung versetzen und zum Nachdenken über die Gründe und Folgen seiner Handlung auffordern.“[5]) Hiermit ist vorzüglich die Selbständigkeit des Solennitätsaktes charakterisiert. Die Form ist sowohl dazu da, das bereits errichtete Testament in seinem Bestande zu sichern, in erster Linie aber auch, möglichst eine Gewähr für seine angemessene Errichtung selbst zu geben.

---

[1]) cfr. Pfaff u. Hofmann a. a. O. p. 132 Anm. 2a.

[2]) Zeiller: a. a. O. II p. 488.

[3]) cfr. Pfaff u. Hofmann a. a. O. II, 1 p. 133 und ad § 578 III.

[4]) Über die Solennitätsformen siehe Ihering: Geist des röm. Rechtes II, 2 § 45 (auch 1 § 23). — Motive zum Hessischen Entwurf p. 59 bei Gruchot I p. 444f. Friedrich Mommsen: Entw. eines deutsch. Reichsgesetzes über das Erbrecht nebst Motiven p. 183. Pfaff und Hofmann a. a. O. p. 133. Endemann a. a. O. § 26 p. 112 fasst die Bedeutung der Solennitätsform treffend in drei Gründen für sie: 1) Sicherheit gegen Fälschung. 2) Abheben der Testamentserrichtung von den Geschäften des Werktages. 3) Prägung der einseitigen Willenserklärung zu einer festbestimmten rechtsgeschäftlichen Verfügung.

[5]) Hessischer Entwurf a. a. O. Zeile 3.

§ 2. Das eigenhändige Testament.

Haben wir das Prinzip der Solennitätsform einmal erkannt, dann ist es nicht schwer, es im besonderen für das eigenhändige Testament anzuwenden. Aber man könnte zunächst geneigt sein zu bestreiten, dass das eigenhändige Testament überhaupt eine Solennitätsform enthält. Thatsächlich unterscheidet sich die Form des eigenhändigen Testamentes von den sonst gewohnten. Bei diesen stehen die Solennitätsförmlichkeiten ausserhalb des eigentlichen Testamentes „das Testament muss vor einem Richter, vor einem Notar, in Gegenwart von Zeugen etc. gemacht werden“; die Solennitätsakte begleiten gleichsam die Testamentserrichtung. Bei dem eigenhändigen Testament dagegen finden sich keinerlei solche zu dem Vorgange der Errichtung hinzukommenden Solennitäten; alles, was zu seiner Errichtung an Formen erfordert wird, ist Bestandteil des Testamentes.

Aber das ist kein Grund, die Solennität der eigenhändigen Testamentsform zu verneinen; sie ist nur weniger ostentativ. An sich ist in unseren modernen Verhältnissen erstrebenswert, einen Zweck mit möglichst geringem Aufwand von Mitteln zu erreichen, das Naturgesetz de la moindre quantité auch auf unsere Rechtsinstitute zu übertragen. Der Zweck, dem Testator die Bedeutung seines Schrittes ins Bewusstsein zu rufen, ihn vor Übereilungen zu bewahren, verlangt nun eine gewisse Form. Treffend sagt aber Pfaff-Hofmann:[1]) „Dazu genügt schon eine gewisse Unbequemlichkeit; denn die menschliche Trägheit ist sehr sensitiv. Wie fleissig jemand auch seiner täglichen Arbeit nachgehen mag, so ist er doch unlustig zu aller ungewohnter Bemühung; ferner, wie bereitwillig etwa er äusserem Impulse nachgeben mag, so ist er doch entschieden abgeneigt, sich selbst ohne ernsten Grund zu inkommodieren.“ So ist man denn der Überzeugung, dass es nicht mehr

---

[1]) Pfaff und Hofmann a. a. O. p. 134 Anm. 7.

weitläufiger Förmlichkeiten bedarf, dass es genügt, den Testator zu einer ganz bestimmten Sorgfalt und Aufmerksamkeit anzuhalten. Und dies geschieht beim eigenhändigen Testament dadurch, dass der Erblasser seine Erklärung unterschreiben, mit Angabe des Datums und des Ortes versehen muss. Die Solennität beim eigenhändigen Testament ist also nur anders geartet, als bei den andern Formen, aber sehr wohl vorhanden.

Zweifellos jedoch ist beim eigenhändigen Testament die Abschwächung der Formalitäten bis an die äusserste Grenze gelangt.[1]) Um so notwendiger ist es darauf hinzuweisen, dass es jedenfalls aber noch eine Solennitätsform ist, und alle Konsequenzen, die sich daraus ergeben, streng zu ziehen sind.

Das Wesen der Solennitätsform ist, dass ihre genaue Beobachtung unerlässliche Bedingung der Gültigkeit eines mit ihr ausgestatteten Rechtsaktes ist.[2]) Darum ist ein Testament, welches der verlangten Form in irgend einer Beziehung ermangelt, ohne weiteres nichtig. Das BGB. enthält zwar keine ausdrückliche Bestimmung darüber; es ist dies eben selbstverständlich. Das österr. GB. hat im § 601 eine Vorschrift solchen Inhalts; überflüssig ist sie auch hier, aber sie ist erklärlich. Die Redaktoren erkannten allgemein die Bedeutung der Solennitätsformen nicht und standen auf dem Standpunkt, dass sie nur Beweisarten seien. Das historische Gefühl aber widerstand trotzdem der theoretischen Folge dieser Ansicht, die letztwillige Anordnung könne wegen Formfehler nicht ungültig sein, wenn sie anderweitig erwiesen wird, Gesetzeskraft zu geben; das wollte man ausdrücken und machte das Gegenteil zum Gesetz.[3])

---

[1]) Bei der Form des eigenh. Testamentes sind zwar selbst noch wieder drei Stufen vorhanden; siehe p. 66.

[2]) Pfaff und Hofmann a. a. O. p. 132.

[3]) Pfaff und Hofmann a. a. O. p. 133 bemerkt dazu: Man verkannte das Wesen der Form und behielt doch viele Konsequenzen derselben bei. Denn selten vermag der Irrtum das Überkommene völlig zu zerstören. Es ist

Ist demnach in den Gesetzen selbst der irrigen Meinung kein Vorschub geleistet, so ist doch die Praxis, besonders die Rechtsprechung der unteren Gerichte, zu gern geneigt, sie zu vertreten.[1]) Dies nicht sowohl für die mit reichlicheren Solennitäten versehenen Testamentsformen, wo man unwillkürlich der richtigen Doktrin folgt, als gerade bei der Form des eigenhändigen Testamentes. Das subjektiv menschliche Empfinden trägt hier dazu bei, den irrigen Weg zu gehen. Einem wohlwollenden Richter wird es schwer, wegen eines scheinbar geringen Fehlers einem Testamente die Anerkennung zu versagen, wenn er die Überzeugung hat, dass dasselbe wirklich den Willen des Erblassers enthalte. Ist die Form nur eine Garantie für die Echtheit und hält man diese für gewiss, warum sollte es einer solchen Strenge bedürfen? Offen ausgesprochen ist dies in der Urteilsbegründung eines österr. Gerichtes 1. Instanz:[2]) „Wenn die von unserem Gesetze eingeführten Förmlichkeiten ... bloss zu grösserer Vorsicht ... angeordnet sind, und wenn nun diese Absicht des Gesetzes mit ebenso grosser apodiktischer Gewissheit und auf ebenso beruhigende Weise durch andere Mittel zu erreichen ist", so sei anzunehmen, dass diese Formalitäten „nicht in einer materiell bindenden Weise taxativ angeordnet seien!" Wie diese Auffassung in Österreich vom obersten Gerichtshofe entschieden zurückgewiesen wurde, so hat auch das deutsche Reichsgericht bei Gelegenheit einer andern Frage gegenüber der Berufungsinstanz erklärt: „Das eigenhändige

ein demütigender und doch zugleich erhebender Gedanke, wie viel schlimmer noch die menschlichen Dinge beschaffen wären, als sie sind, wenn jedes Folgegeschlecht nach eigener Weisheit sie von neuem ordnen würde. Die Erfahrung der Jahrtausende kommt uns in dem objektiven Bestand der Einrichtungen auch dann noch zu Gute, wenn wir sie subjektiv uns nicht anzueignen vermögen.

[1]) cfr. Pfaff und Hofmann a. a. O. p. 135 bes. Anm. 18—19a; ferner R.-Ger.-Entsch. XII p. 315ff.

[2]) Sammlung I No. 93. cfr. Pfaff und Hofmann p. 136 Anm. 20. Id. I p. 181f. bes. No. 96.

Testament ist keine blosse Beweisurkunde, sondern der letzte Wille selbst."[1])

Warum ist es aber gerechtfertigt, so streng zu verfahren? Das verlangt nicht nur die Gerechtigkeit, sondern auch die allgemeine Zweckmässigkeit. Wo soll die Grenze gezogen werden, bis zu der von den Formvorschriften etwas nachzulassen ist? Wann ist ein ohne Beobachtung der gesetzlich vorgeschriebenen Förmlichkeiten erklärter Wille zweifellos existent?[2]) Beim Nachgeben dieser Tendenz käme man unausbleiblich dahin, die notwendige scharfe Grenze zwischen einem wirklichen Testament und dem Entwurf einer unausgeführten Absicht zu verwischen und die Entscheidung darüber der freien Beweiswürdigung des Richters überlassen zu müssen. Abgesehen von diesen Momenten ist aber die Solennitätsform notwendiger Weise strictissimi iuris. Sie ist ja gar nicht dazu da, um im konkreten Falle einen letzten Willen zu erweisen, sondern enthält allgemein die vom Gesetze bei der Errichtung von Testamenten für erforderlich befundenen Feierlichkeiten. Und da muss selbstverständlich gleiches Recht für alle gelten.

Indem wir unsere Darlegungen nunmehr zusammenfassen, können wir das richtige Prinzip in folgendem Syllogismus präzisieren: Die genaue Beobachtung der Solennitätsakte ist unerlässliche Bedingung für die Gültigkeit eines Testamentes in einer mit ihnen ausgestatteten Testamentsform. Die Form des eigenhändigen Testamentes nach dem BGB. enthält Solennitätsakte. Folglich ist die genaue Beobachtung dieser condicio sine qua non der Gültigkeit eines in der Form des eigenhändigen Testamentes errichteten letzten Willens.

Die Erkenntnis hiervon bildet die Grundlage für die Beurteilung aller sich auf das eigenhändige Testament beziehenden Rechtsfragen.

---

[1]) Entsch. des R.-Ger. XII p. 315.

[2]) Bereits angeführt von Vinc. A. Wagner: Ztschft. 1825 II p. 59f. cfr. das Citat bei Pfaff und Hofmann a. a. O. p. 136 Anm. 22.

§ 3. Die einzelnen Formerfordernisse des eigenhändigen Testaments.

I. Objektive Voraussetzungen.

1. Äussere Form. Der § 2231 des BGB. formuliert die Norm über das eigenhändige Testament: Ein Testament kann in ordentlicher Form errichtet werden: 1. . . . 2. Durch eine vom Erblasser unter Angabe des Ortes und Tages eigenhändig geschriebene und unterschriebene Erklärung.

a) Eigenhändige Schrift:

Wie in den übrigen Rechten, ist auch nach dem BGB. das Wesentlichste des eigenhändigen Testamentes die Vorschrift, welche der Testamentsform den Namen gegeben hat: die eigenhändige Schrift.

Der ganze Context muss vom Testator eigenhändig geschrieben sein; das unterliegt keinem Zweifel, obwohl das BGB. dieses nicht so besonders hervorhebt, wie es z. B. im Code civil § 970 durch die Worte „s'il n'est écrit en entier . . ." geschieht. Es muss bemerkt werden, denn bezüglich des österr. GB., das in § 578 ebensowenig wie das BGB. einen Hinweis auf die ausschliessliche eigenhändige Schrift enthält, ist verschiedentlich behauptet worden,[1]) dass, wenn das Testament teils von eigener, teils von fremder Hand sei, das eigenhändig geschriebene immerhin gelte.[2])

Bei dem Code civil schliesst dessen scharfe Fassung einen Streit aus, und so ist unter den Schriftstellern über französisches Recht Einstimmigkeit darüber, dass beispielsweise ein eigenhändiges Testament nichtig ist, wenn in seinem Texte auch nur ein einziges Wort von fremder Hand enthalten ist.[3]) Die Vertreter der richtigen Ansicht

---

[1]) Ellinger, Stubenrauch: Komm. z. öst. BGB. ad § 578. Unger: System des österr. Priv.-R. VI § 10 A. 6 meint, dass es sich dabei um eine quaestio facti handele.

[2]) Pfaff und Hofmann a. a. O. II 1 p. 144.

[3]) Zachariae-Crome a. a. O. IV § 678 p. 279 und die in Anm. 2 angeführten Schriftsteller. Pfaff und Hofmann a. a. O. p. 144 Anm. 28 a. E.

hinsichtlich des österr. GB. haben die Geschichte des dortigen eigenhändigen Testamentes für sich.[1]) Aber wie die Geschichte nicht massgebend für das geltende Recht ist,[2]) so bedarf es ihrer auch gar nicht. Wenn das BGB. eine „eigenhändig geschriebene Erklärung" verlangt, so ist das hinreichend, um damit die Erklärung in ihren sämtlichen Teilen zu verstehen. Bei einer Formvorschrift muss von vornherein jede laxe Interpretation als sachlich unangebracht erscheinen, und damit konnte der Gesetzgeber jeden Zusatz, wie „ganz" oder „durchaus" füglich unterlassen, ohne zu berechtigten Zweifeln Veranlassung zu geben.[3])

Wenn somit auch nach dem BGB. vollständige Eigenhändigkeit der Schrift Voraussetzung eines gültigen Testamentes ist, so ist doch dahin zu halten, dass fremde Bestandteile, die ohne Wissen und Willen des Erblassers hinzugesetzt oder eingerückt worden sind, das Testament nicht nichtig machen.[4]) Ferner ist es gestattet, dass der Testator im Testament eigenhändige Korrekturen oder Ausstreichungen vornimmt.[5]) Freilich werden solche Vornahmen am eigenhändigen Testamente thunlichst zu vermeiden sein, weil sie stets den Verdacht einer Fälschung erwecken können und dann schwierige Beweisfragen nach sich ziehen werden, wodurch naturgemäss die Rechtssicherheit Eintrag erleiden muss. Unverständliche Worte sind als nicht geschrieben zu betrachten.[6])

Die gesetzliche Bestimmung enthält keine Vorschrift

---

[1]) Ausführlicher Litteraturnachweis bei Pfaff und Hofmann a. a. O. p. 144 Anm. 28a A.

[2]) Siehe p. 3 a. A.

[3]) Nicht begründet wäre, sogar daraus, dass die endgültige Fassung des § 2231 No. 2 das „ihrem ganzen Umfange nach" des Kommissions-Antrages (siehe p. 60) nicht aufgenommen hat, den Schluss zu ziehen, das BGB. wolle bei teilweiser Nichteigenhändigkeit Ungültigkeit des Testamentes nicht zur Folge haben.

[4]) cfr. Zachariae-Crome § 678 p. 279; Pothier: des donat. chap. I Art. 2 § 2.

[5]) Pfaff und Hofmann a. a. O. II, 1 p. 144. Zachariae-Crome a. a. O. § 678 p. 279 Anm. 2. Zeiller a. a. O. II p. 457 Zeile 6.

[6]) Zachariae-Crome die cit. Anm. 2 a. E.

darüber, auf welchem Material das eigenhändige Testament niederzuschreiben ist. Diesbezüglich ist also die grösste Freiheit gelassen. Ein gültiges eigenhändiges Testament kann in einem Kalender, einem Haus-, Notizbuch, auf sonst irgend einem Blatt Papier oder sonst einem anderen Gegenstande errichtet werden. Diese prinzipielle Freiheit unterliegt aber einer einschränkenden objektiven Beurteilung seitens des Richters. Er wird im konkreten Falle zu prüfen haben, ob thatsächlich ernster und würdiger Wille zu testieren anzunehmen ist, oder ob vielmehr nur irgend welcher Entwurf oder eine Spielerei vorliegt. Wenn z. B. ein Gefangener seinen letzten Willen mit Kohle an die Wand geschrieben, ein Schiffbrüchiger denselben im Augenblick der Gefahr auf einem Schnitzelchen Papier niedergelegt, so wird gegen die an sich unangemessene Errichtung nichts einzuwenden sein. Anders, wenn derartiges in gewohnter und geordneter Lebenslage geschieht. Dann werden wir bei einem zurechnungsfähigen Erblasser den animus testandi nicht voraussetzen dürfen.[1])

Desgleichen enthält das BGB. keine besondere Vorschrift über Sprache und Schriftart des eigenhändigen Testamentes. Es werden hier die analogen Grundsätze anzuwenden sein, wie bei der Freiheit des Materials, d. h. nach Zeit und Umständen zu prüfen sein, ob eine wirkliche Dispositiv-Urkunde in Betracht steht.[2]) Auch hier steht es dem Testator an, sich die Bedeutung des vorzunehmenden Aktes vor Augen zu führen und sich jeder persönlichen Liebhaberei zu enthalten. So wird die Errichtung eines eigenhändigen Testamentes einem Philologen nicht die Gelegenheit zu bieten brauchen, der Nachwelt seine Kenntnisse des Griechischen und Lateinischen zu beweisen. „Je auffallender die Wahl der Sprache ist, desto stärker wird

---

[1]) Pfaff und Hofmann a. a. O. p. 145.

[2]) Das österr. Hfczd. v. 22. Oktober 1814 erklärt: jedes in der hebräischen Sprache oder auch nur mit hebräischen und jüdischen Buchstaben geschriebenes Testament für ungültig und nichtig. cfr. Pfaff und Hofmann a. a. O. p. 145 und die in Anm. 39 citierten Autoren.

der Zweifel an einem ernstlichen animus testandi sein. Wenn z. B. ein Deutscher in Wien sein Testament spanisch, altgriechisch, arabisch oder dgl. abfassen würde, so müsste man bis auf weiteres annehmen, dass eine Sprachübung oder ein Scherz vorliege.[1])" Analog verhält es sich mit Schriftarten, wo besonders die Anwendung der Stenographie zu Zweifeln Anlass geben wird.[2]) Eine rigorose Rechtsprechung vermag in dieser Beziehung allein dem Institut des eigenhändigen Testamentes förderlich zu sein. Freilich wird man mit Takt den individuellen Fall zu sondieren haben. Unter den älteren deutschen Juden leben noch zahlreiche, die nur hebräisch lesen und schreiben können. U. E. wird man solchen die Fähigkeit, ein eigenhändiges Testament zu errichten, wohl zusprechen müssen. Das prinzipielle Kriterium für die Nichtigkeit eines eigenhändigen Testamentes wegen Sprache und Schriftart muss sich auf die Frage nach dem animus testandi beschränken. Diesen darf der Richter nicht leichthin annehmen, ist er aber ausser Zweifel gestellt, dann kann aus Sprache und Schriftart keine Nichtigkeit mehr hergeleitet werden. Der § 2247, nach dem derjenige kein eigenhändiges Testament errichten kann, der „Geschriebenes nicht zu lesen vermag" bildet kein Gegenargument. Neben der durch physische Fehler, wie Blindheit, hervorgerufenen Unfähigkeit „Geschriebenes zu lesen" fällt unter diese Bestimmung logisch[3]) noch die Unfähigkeit der Analphabeten. Man wird aber nicht umhin können, die übliche hebräische Kurrentschrift als eine Schriftart anzusehen, als etwas Geschriebenes, das die Betreffenden zu lesen verstehen.[4])

---

[1]) Pfaff und Hofmann a. a. O. p. 145 Anm. 37.

[2]) Pfaff und Hofmann a. a. O. p. 146 Anm. 41.

[3]) Singgemäss brauchte u. E. der § 2247 den Analphabeten die Errichtung eines eigenh. Testam. nicht erst zu versagen, da sie das Erfordernis der eigenhänd. Niederschrift garnicht erfüllen können. Auch da nämlich, wo die Hand absolut geführt werden sollte, kann von „Eigenhändigkeit" nicht die Rede sein. Über Zweifel hieran cfr. Zachariae-Crome a. a. O. § 676 A. 8. — Siehe p. 90.

[4]) Derselbe Grundsatz der quaestio facti wird bei „Zeichenschrift" im

Es vermöchte vielleicht einmal die Frage praktisch zu werden, ob ein eigenhändiges Testament mit der Schreibmaschine „geschrieben“ werden könne. U. E. ist das zu verneinen. Wir haben ausgeführt, dass die Formvorschriften zwar durchaus nicht allein des Echtheit-Beweises wegen da sind, zweifellos liegt darin aber auch ein Teil ihrer Bedeutung. Dieser würde nun bei einem vermittelst der Schreibmaschine errichteten Testamentes illusorisch werden. Die „Eigenhändigkeit“ wird verlangt, weil durch sie die Schrift fixiert wird. Trotz des Wortes „Schreib“maschine wird mit einer solchen aber nicht geschrieben, sondern mit richtigen Typen gedruckt; jedes individuelle Moment fällt also weg. Eine Handschrift ist nicht zu erkennen und damit wäre Fälschungen und Unterschiebungen Thür und Thor geöffnet.[1])

b) Die Unterschrift.

Die Testaments-Urkunde muss von dem Testator eigenhändig „unterschrieben“ sein. In gleicher Weise, wie der Code civil und das österreich. GB., begnügt sich das BGB. mit einer allgemeinen Fassung und substanziiert nicht weiter, worin die Unterschrift zu bestehen hat. Jedwede wirkliche Namensunterschrift wird demnach formell als hinlänglich zu erachten sein. Durchaus angebracht ist jedoch, dass der Erblasser sowohl Vor- wie Geschlechtsnamen angiebt. Immerhin ist festzuhalten, dass Zweifel, die aus einer etwaigen kurzen Fertigung über die Identität des Testators entstehen, die Beweis-, nicht die Formfrage selbst betreffen.[2])

Es muss der „Name“ des Erblassers sein; dass dieser mit dem Geburts- oder Taufnamen übereinstimmt, sei es in der Orthographie, sei es als solcher überhaupt, ist nicht

---

weitesten Sinne anzuwenden sein. So auch Strohal: das deutsche Erbrecht: § 21 p. 62; Tränkner: Sächs. Arch. Bd. VII p. 354. Abweichend: Endemann a. a. O. III p. 118.

[1]) Ebenso Endemann l. c. Strohal a. a. O. p. 62 Anm. 23.

[2]) Pfaff und Hofmann a. a. O. p. 146 und Anm. 42.

durchaus notwendig. Ein sogenannter gegebener Name, den der Erblasser geführt hat, unter dem er überall bekannt war, — Künstlername u. dgl. — ist gleichfalls zur Unterschrift geeignet.[1]) Unzulässig sind alle Unterzeichnungen, die keinen Namen wiedergeben, wie durch Kreuze, Handzeichen u. dgl.[2])

Die Unterschrift findet ihre Bedeutung darin, dass sie das fertige Testament von dem Entwurf, dem Concepte, unterscheidet; durch sie erhält das Testament seinen Abschluss, seine Vollendung. Als perfizierender, fertigstellender Akt liegt es in dem Wesen der Unterschrift, dass sie am Schlusse des Testamentes steht.[3]) Aufschrift auf dem einschliessenden Umschlag ist keine Unterschrift, auch nicht der irgendwo an den Rand des Textes geschriebene Name.[4]) Andererseits ist das Wort „Unterschrift" nicht

[1]) In den Beratungen des österr. BGB. ist das wiederholt ausdrücklich hervorgehoben worden. cfr. Pfaff und Hofmann a. a. O. p. 146 Anm. 47. Einen entgegengesetzten Standpunkt wahrt Zacharias-Crome a. a. O. § 676 bes. Anm. 1. Daraus, dass der Code civil: Art. 970 auch nur von „signature" spricht, schliesst er, dass die Frage nach den allgemeinen, über die Unterzeichnung von Urkunden bestehenden Vorschriften zu entscheiden sei, wonach das Individuum sich regelmässig seines bürgerl. Namens zu bedienen hat. cfr. BGB. § 126. Die Unzweckmässigkeit auch Unangemessenheit sog. Realnamen zur Unterschrift ist grossenteils zuzugeben. Daher ist die Angabe des bürgerl. Namens dringend zu empfehlen, aber eine Ungültigkeit des Testamentes kann da, wo die Identität des Erblassers ausser Zweifel gestellt ist, aus einer Abweichung hiervon u. E. nicht resultieren.

[2]) cfr. Endemann a. a. O. §. 27 p. 118 Anm. 11.

[3]) Pfaff-Hofmann a. a. O. p. 146. Zeiller a. a. O. II p. 452. Platenius: Grundriss des badisch. Landrechtes p. 296. Scheidlein: Handb. des österr. Pr.-Rechts p. 171.

[4]) cfr. Pfaff und Hofmann: Excurse über das österr. allg. BGB. II p. 75. id. a. a. O. p. 147. Für uns erübrigt sich, an dieser Stelle nochmals darauf im Texte zurückzukommen, dass jedwede Ausserachtlassung der gesetzlichen Formvorschriften Nichtigkeit des Testam. zur Folge hat. Wir haben das Grundprinzip in II § 2 eingehend dargethan. Die Ausführungen in dem citierten Exkurse, die sich gegen die Schrift „Intorno alla validità del testamento di Paolo Battaglia Studii legali" richten, worin vier italien. Rechtsgelehrten (Impesatori, Dicogo, Motinelli, G. Carcano) mit sophistischen Gründen ein eigenhändiges Testament als giltig angesehen wissen wollen, decken sich mit unseren Anschauungen.

dahin zu urgieren, dass der Name absolut „unter“ dem Texte stehen muss. Auch der etwa in fortlaufenden Zeilen mit dem Texte hinzugefügte Name ist „Unterschrift“ im Sinne des Gesetzes und einwandsfrei.[1])

Findet sich nach der Unterschrift des Testators weiterer nicht unterschriebener Text, so richtet sich die juristische Folge je nach den Ursachen hiervon. Da jedoch diese nicht immer klar zu Tage treten werden, so ist dem Erblasser in seinem eigenen Interesse die allergrösste Korrektheit anzuraten.

Hat der Testator in späterer Zeit dem fertigen Testamente Zusätze beigefügt und nicht (mit Angabe von Ort und Datum) unterschrieben, so sind diese als so gut wie gar nicht vorhanden anzusehen, und das Testament gilt unverändert. Es wird oft bedenklich sein, so iudizieren zu müssen, indem man gerade dem Ideal des Testaments-Rechtes, dem Willen des Testators möglichst gerecht zu werden, dadurch nicht nachkommen kann, aber nach den gesetzlichen Bestimmungen bleibt nichts anderes übrig. Durch die Zusätze bleibt der ursprüngliche Text doch ein abgeschlossenes Ganze, dessen Ungültigkeit unbegründbar ist, die Zusätze selbst erfüllen aber ohne Unterschrift die Voraussetzungen eines eigenhändigen Testamentes nicht und können Gültigkeit nicht beanspruchen. Darum soll der Erblasser darauf halten, wenn er einmal sein fertiges Testament durch Nachschriften erweitert, stets diese mit seiner Unterschrift zu versehen; wird er hierdurch ja auch nicht verhindert, in noch späterer Zeit wieder andere hinzuzusetzen.

Anders ist die Sachlage, wenn der Testator das Unterschriebene sowie das Nichtunterschriebene uno actu geschrieben hat. Lässt es sich feststellen, dass der Testator

[1]) cfr. Endemann a. a. O. § 27 p. 118 Anm. 12: „Auch Ort und Datum müssen von ihr gedeckt werden, denn sie sind wesentliche Formbestandteile“. Dabei ist aber gleichgültig, ob die Unterschrift wirklich räumlich auch tiefer als das Datum steht; es muss nur erkennbar sein, dass das Datum zum Testam. gehöre.

vor allem den unterschriebenen Text sichern, ihn von der Vollendung der übrigen Niederschrift unabhängig machen wollte, so wird man naturgemäss nicht zögern, den formgerechten Teil des Testamentes für gültig zu halten. Eine derartige Feststellung wird aber nur sehr selten gelingen. Insbesondere ist ein solches Motiv dann nicht anzunehmen, wenn die Unterschrift am Ende einer Seite oder eines Blattes steht, während inhaltlich im Texte keiner oder kein erheblicher Abschnitt ist. In diesem Falle wird vielmehr zu vermuten sein, der vorsichtige Erblasser habe einen etwa später auftauchenden Verdacht von Fälschung oder Unterschiebung ausschliessen resp. solche Vornahmen an seinem Testamente erschweren wollen. Fehlt die Unterschrift am wirklichen Schlusse des Testamentes, so ist das ganze Testament nichtig. Die übrigen Unterschriften sind juristisch irrelevant, die Unterschrift als Perfektionsakt ist nicht vorhanden, und damit kein formgerechtes Testament.[1]) Ebenso werden wir ein Testament als ein unvollendetes für nichtig erklären, wenn die Unterschrift sich gar nicht dem Ende des Contextes anschliesst, sondern sich etwa unten auf der folgenden oder nächstfolgenden leeren Seite findet.[2])

c) Angabe des Ortes und Tages.

Es genügt nicht, dass der Erblasser unter dem von ihm eigenhändig geschriebenen Text noch seine blosse Namensunterschrift hinzufügt, das Gesetz verlangt neben dieser noch eine eigenhändige Angabe des Ortes und des Tages der Testamentserrichtung. Beides geschieht auch aus Gründen der Rechtssicherheit. An sich kommt es zwar auf die Zeit der Errichtung eines eigenhändigen Testamentes seitens des dazu fähigen Erblassers nicht

---

[1]) Pfaff und Hofmann a. a. O. p. 147 Unger. Erbr. § 10 Anm. 1. Über den hierhergehörigen Fall des Grafen Ottavio Zon (Venedig 1850 †) cfr. Pfaff und Hofmann a. a. O. p. 147 Anm. 52.

[2]) Pfaff und Hofmann p. 147 (Anm. 54 „In einem Falle . . . wurde ein Testam. aufrecht erhalten, wo der Text auf der ersten, die Unterschrift am Ende der vierten Seite stand, so dass Text und Namenszug durch drei leere Seiten getrennt waren!“)

an[1]), aber ob der Testator überhaupt zur Zeit der Errichtung dazu fähig war, wird sich oft nur durch das Datum ermitteln lassen.[2]) Die Beisetzung dieses ist ferner von Wichtigkeit, weil für den Fall „wo mehrere Erklärungen vorhanden sind, am sichersten entschieden werden kann, welche früher oder später gemacht wurde, dann auch, weil aus der Zeit öfter der Sinn der Erklärung näher bestimmt, und über die Echtheit derselben mit mehr Zuverlässigkeit entschieden werden kann, da sich mit der Zeit oft die Schrift, die Absicht des Erblassers, seine Verhältnisse, ja auch die Gegenstände ändern, über welche er verfügen kann, übrigens auch, weil in der Regel die spätere Anordnung die frühere aufhebt, auch die Wirksamkeit der Verfügung in dem Falle, wo deren mehrere vorhanden sind, von der Zeit der Errichtung abhängt.“[3]) Auch mit diesen mannigfaltigen Vorteilen ist die Bedeutung des Datums noch nicht erschöpft. Da der Testator auch häufig seinen Testaments-Entwurf mit seiner Namensunterschrift versehen wird, so trägt das Datum gleichfalls zur Beseitigung von Zweifeln bei, ob die Urkunde wirklich vollendet, oder ein blosser unwirksamer Aufsatz sei.[4])

Ganz besonders ist noch zu bedenken, dass für den grössten Teil des Deutschen Reiches erst das BGB. das eigenhändige Testament geschaffen hat, dass demnach das Datum unbedingt erforderlich ist, um den Fundamentalsatz der Übergangsbestimmungen: „ein Rechtsgeschäft wird nach demjenigen Rechte beurteilt, unter dessen Geltung es vorgenommen worden ist“ zur Anwendung zu bringen.[5])

Schliesslich mag noch erwähnt werden, dass Angabe des Ortes und der Zeit in dem Falle, wo mehrere Personen

---

[1]) Wohl der Grund, aus dem das österr. GB. die Angabe des Datums nicht zur Vorschrift hat. cfr. Winiwarter: das österr. bürg. Recht III p. 78f.

[2]) M. Claude-Marie Rouyer a. a. O. Zachariae-Crome § 678 p. 279 Anm. 3.

[3]) Winiwarter a. a. O. p. 79.

[4]) Zeiller a. a. O. I p. 453. Pfaff und Hofmann a. a. O. p. 145.

[5]) cfr. Pfaff und Hofmann a. a. O. p. 145 Anm. 33 a. E.

mit gleichem Namen vorkommen, Zweifel heben kann, von wem die Erklärung herrühre.[1])

Das BGB. gebraucht den Wortlaut „Angabe des Tages". Es bedarf keiner Begründung, dass in diesem Zusammenhang mit „Tag" das gemeint ist, was wir gewöhnlich mit „Datum" zu bezeichnen pflegen. Wollte man unter „Tag" einfach nur den Wochentag verstehen, so würde die Bestimmung ohne Zweck und sinnlos sein. Die Angabe des „Tages" muss in der Bezeichnung eines ganz bestimmten Tages liegen, d. h. in einer solchen, welche die Testamentserrichtung nach Jahr, Monat und Wochentag festlegt. Damit ist nicht gesagt, dass gerade buchstäblich oder zahlenmässig die Zeit geschrieben werden muss. Angaben, wie „den ersten des Jahres 1900" oder „am Weihnachtsheiligen-Abend des Jahres 1900" sind durchaus zulässig.

Das Testament ist nichtig, wenn die Angabe des Ortes oder des Datums erweislich falsch ist; eine Ausnahme hiervon tritt nur dann ein, wenn der Erblasser sich nur geirrt hat, **und** der Irrtum aus dem Testamente selbst rektifiziert werden kann: so, wenn der Testator statt 1901: 1601 geschrieben, wenn eine Zahl ausgelassen worden ist u. dgl.[2])

---

[1]) Winiwarter a. a. O. III p. 79.

[2]) Zachariae-Crome a. a. O. p. 279 Anm. 4a n. 5. Das scheint uns die richtige Abgrenzung der sehr bestrittenen Frage zu sein, inwieweit Unrichtigkeit des Datums Nichtigkeit des Testaments zur Folge habe. cfr. Platenius a. a. O. p. 296. Laurent: principes de droit civil t. 13 No. 193ff. — Endemann a. a. O. p. 119 § 27, 2c Anm. 16 erkennt die Richtigstellung aus dem Test. nicht an. Eine ausführliche Erörterung mit eingehender Berücksichtigung der auf die Auslegung des Art. 970 des Code civil sich beziehenden französischen, belgischen und deutschen Rechtsprechung giebt: Mantey: Beiträge zur Erläuterung des D.R. 6. Folge III p. 641—655. Auch nach der von uns geteilten Ansicht ist die Entsch. des R.G. Bd. 29 p. 328 für richtig zu halten, die ein Testam. für nichtig erklärte, welches das Datum des 16. Mai 1880 trug, nachweislich aber am 15. Mai errichtet war. Ob der Fehler gross oder klein, bedeutend oder unbedeutend ist, bleibt gleichgültig, wenn nicht a) ein Versehen **offenkundig** ist, b) Berichtigung **aus dem Testam. selbst** stattfindet. In dem betreffenden Fall lagen wahrscheinlich beide Punkte nicht, sicher aber nicht b vor. Dafür, dass Ungenauigkeiten, ja selbst Unrichtigkeiten des Datums für sich allein das Testam. noch nicht nichtig machen: Tränkner a. a. O. p. 355.

Trägt das Testament ein doppeltes Datum, wie den 5. und 7. März 1903, so ist dasselbe aufrecht zu erhalten; die Vorschrift des uno actu besteht für das eigenhändige

---

mit genauer Begründung seiner Ansicht Strohal a. a. O. § 21 p. 61 und 62 Anm. 21. Im Gegensatz zu Strohal scheint es uns aber in der That sachlich widerspruchsvoll zu sein, dass ein Gesetz als Erfordernis für die Gültigkeit einer Urkunde nur die Angabe des Orts- und Zeitdatums und nicht zugleich auch die Richtigkeit dieser Angabe aufstellt. Dass eine solche Angabe an sich auch schon wertvoll ist, spricht noch nicht gegen das Erfordernis der Richtigkeit. Verneint man aber die Notwendigkeit dieser, so muss man konsequent die Angabe jedweden beliebigen Ortes und jeder beliebigen Zeit für ausreichend erachten. Will man sich hierzu nicht verstehen, so ist die Richtigkeit streng zu handhaben, da es schlechterdings unmöglich ist, eine irgendwie sachlich begründete Grenze zu ziehen, wie falsch das Datum sein darf, ohne die Nichtigkeit des Testam. herbeizuführen. Das liegt im Wesen der Formvorschrift, dass sie die allgemeine Rechtssicherheit höher als die Scheu vor Härte im Einzelfalle stellt. Der von uns vertretene Standpunkt sucht diese wenigstens so weit zu vermeiden, wie es mit der ratio legis zu vereinbaren ist. Das Argument aus der rechtspolitischen Erwägung, es sei beim eigenhändigen Testam. nur selten festzustellen, ob das vom Erblasser angesetzte Datum der Wahrheit entspräche, und darum sei es Unrecht in den relativ wenigen Fällen auf diesen Umstand entscheidendes Gewicht zu legen, ist auch nicht überzeugend. Einmal kann grundsätzlich nicht davon ausgegangen werden, sich der Erkenntnis des objektiv Richtigen überhaupt zu verschliessen, weil wir dasselbe nicht überall oder nur selten zu treffen vermögen. In praktischer Hinsicht ist sodann zu bedenken, dass es dem Gericht von Amtswegen ganz gleichgültig ist, ob die Datumsangabe wirklich richtig; dem Wesen des Civ.-Proz. entsprechend hat das Gericht die Richtigkeit des Datums ex officio nicht zu prüfen; wird sie nicht bestritten, so gilt sie als vorhanden: quod non est in actis, non est in mundo. Das Zurückbleiben hinter der materiellen Wahrheit in diesem Punkte ist also nur der Verhandlungsmaxime ganz konform. Erwägen wir endlich besonders, dass der die Richtigkeit des Datums Bestreitende selbst den Beweis für seine Behauptung zu bringen hat, so sehen wir nicht ein, wie aus unserer Auffassung sich eine „Prämiierung des groben Vertrauensbruches und der Chikane“ ergeben sollte. — Die jüngste treffliche Entscheidung des R.G. in dieser Sache vom 20. Jan. 1899 — abgedruckt in der Beilage (Spruchpraxis) der „Deutschen Juristenzeitung“ vom 15. Mai 1899 (p. 217, 218) — enthält u. E. im massgeblichen Punkte durchaus kein Abweichen von der früheren Praxis. In ihr kommt vielmehr der richtige Gedanke, dass das Datum dann richtig ist, wenn es den Tag besagt, an dem es (das Datum selbst) geschrieben worden ist, zum klarsten Ausdruck. Der Standpunkt, dass Unrichtigkeit des Datums das Testam. nichtig mache, ist damit in nichts verlassen.

Testament nicht, und der Erblasser ist berechtigt, sein Testament an mehreren Tagen nacheinander abzufassen.[1]) Auch mehrfache Datierung der verschiedenen Abschnitte wird zulässig sein, wenn nur deutlich zu erkennen ist, dass die Unterschrift sich auf alle erstreckt.[2])

Was die Stellung der Ort- und Datumsangabe im eigenhändigen Testament betrifft, so ist nach französischem Recht[3]) bisher allgemein anerkannt, dass es gleichgültig ist, wo dieselbe steht, ob zu Anfang oder zu Ende, nach oder vor der Unterzeichnung, sofern nur die Angabe sich auf den ganzen Inhalt des Testamentes, und die Unterschrift sich auf diese Angabe mitbezieht.[4]) Auch nach dem BGB. ist dies als richtig anzuerkennen. Bemerkt muss aber werden, dass der sonst so prägnante, konzentrierte Wortlaut des § 2231 No. 2[5]) hier einer sophistischen Interpretation Eintritt gestattet.

Das Wörtchen „und" in den Worten „unter Angabe des Ortes und Tages eigenhändig geschriebene und unterschriebene Erklärung" ist logisch exakt so aufzufassen, dass sich das „unter Angabe des Ortes und des Tages" sowohl auf das „eigenhändig geschrieben" wie auf das „unterschrieben" beziehen soll. Man kommt dann zu dem Resultate, dass also die Unterschrift unter Ort- und Tagangabe geschehen muss, ein Testament, wo diese Angabe etwa am Anfange des Textes und nicht bei der Unterschrift steht, demnach nichtig ist.

Abgesehen davon, dass das Ergebnis solcher Interpretation eine ganz unnütze und unverständliche Erschwerung des eigenhändigen Testamentes lieferte, muss sie selbst einer einfacheren Platz machen. Das „und" setzt nur das Wort

---

[1]) Zachariae-Crome a. a. O. p. 279 Anm. 4; Pfaff und Hofmann a. a. O. ad § 578 No. 10.

[2]) Platenius a. a. O. p. 296 und die in Anm. 8 Cit.

[3]) Nach österr. R. ist die Datumsangabe ja überhaupt nicht obligatorisch.

[4]) Zachariae-Crome a. a. O. p. 279. Platenius a. a. O. p. 296.

[5]) Man vergl. damit nur die Weitschweifigkeit des österr. G.B. § 578 und auch den Code civil Art. 970.

„geschriebene" mit „unterschriebene" in Verbindung: die Erklärung soll sowohl eigenhändig geschrieben, als auch eigenhändig unterschrieben sein. Das „unter Angabe des Ortes und Tages" bezieht sich einzig und allein auf das Wort „Erklärung". Die Erklärung, und zwar eine von der und der Art, soll die Ort- und Tagesangabe enthalten.

Damit ist auch im BGB. über die Stellung der Datumsangabe nichts Näheres bestimmt und die erwähnte Freiheit gelassen. So wird sogar nichts dagegen einzuwenden sein, wenn die betreffenden Angaben dem Texte selbst einverleibt sind, indem z. B. der Testator schreibt: Heute am Tage meiner goldenen Hochzeit, den 15. Oktober 1901 bestimme ich zu Halle a. S. u. s. w.[1])

2. Innere Form. Während so das BGB. auch bei dem eigenhändigen Testamente eine ganze Reihe äusserer Formerfordernisse kennt, überlässt es dessen innere Ausgestaltung vollständig dem Belieben des Testators.

Es ist nicht nötig, das Testament expresso verbo als ein solches zu bezeichnen, weder in der Überschrift noch im Contexte. Vor allem braucht keine Erbeinsetzung stattzufinden, und selbst dann, wenn gesetzlich die Verfügung als Erbeinsetzung anzusehen ist, braucht der Bedachte nicht „Erbe" genannt zu sein.[2]) Die Personen, denen Vermächtnisse ausgesetzt sind, der Gegenstand des Vermächtnisses, können umschrieben bezeichnet werden. Der Erblasser kann sich sowohl gebietender, wie bittender Worte bedienen. Auch ist in dem Testamente nicht ausdrücklich anzuführen, dass der Erblasser es eigenhändig geschrieben, datiert und unterzeichnet habe.[3])

Diese weitgehende innere Formlosigkeit wird gerade bei holographen Testamenten als ein Übelstand empfunden, weil leicht ein Zweifel entstehen kann, ob irgend eine Schrift des Erblassers einen letzten Willen enthalte oder nicht.[4])

---

[1]) Zachariae-Crome a. a. O. p. 678 Anm. 13.

[2]) BGB. § 2087.

[3]) Zachariae-Crome a. a. O. IV § 678.

[4]) Pfaff und Hofmann a. a. O. ad § 578 VIII.

Im älteren französischen Recht war es durch die Ordonnance von 1735 verboten, ein Testament in die Form eines Briefes zu kleiden. Wie dem modernen französischen und österreichischen Recht ist auch dem BGB. ein derartiges Verbot fremd.[1]) Aber man wird zu untersuchen haben, ob wirklich auch nur Brief-„Form“ gewählt worden ist, und nicht vielmehr ein wirklicher Brief vorhanden ist; mit andern Worten ob animus testandi oder nur animus narrandi vorliegt. Ein richtiger an seine Adresse abgesendeter Brief kann nicht ohne ernste Gründe als ein letzter Wille, sondern nur als eine Mitteilung über einen beabsichtigten oder errichteten Willen gelten.[2])

II. Subjektive Voraussetzungen.

Die Fähigkeit über sein Vermögen testamentarisch zu verfügen wird ein Gesetz nicht dem zusprechen dürfen, der infolge geistiger oder sittlicher Unreife nicht die Gewähr dafür bietet, sein Recht in angemessener und billiger Weise zu gebrauchen. Ferner wird ein Gesetz darauf sein Augenmerk zu richten haben, dass es für gewisse physisch oder geistig abnorme Personen oder für noch nicht völlig reife, denen jede Möglichkeit Testamente zu errichten abzusprechen kein Grund vorhanden ist, nur bestimmte für sie passende Formen gestattet. So stellt auch das BGB., wie jedes Gesetz, eine Anzahl von Normen auf, welche die testamenti factio regeln.[3])

Hinsichtlich der Form des eigenhändigen Testamentes im besonderen verfügt das BGB. in seinem § 2247. „Wer minderjährig ist oder Geschriebenes nicht zu lesen vermag, kann ein Testament nicht nach § 2231 No. 2 errichten.“

Die testamenti factio des Minderjährigen hat das BGB. an mehreren Stellen eingeschränkt. Nach § 2229 kann er ein Testament überhaupt erst errichten, wenn er das

---

[1]) Zachariae-Crome a. a. O. § 678 und Anm. 8. Pfaff und Hofmann a. a. O. ad § 578 Anm. 56.

[2]) Pfaff und Hofmann a. a. O. § 578 VII.

[3]) BGB. §§ 2229, 2230; § 2238 II; § 2243.

16. Lebensjahr vollendet hat. Aber auch der älter als sechszehnjährige Minderjährige hat nach § 2238 II nur die Fähigkeit, sein Testament durch mündliche Erklärung vor einem Richter oder vor einem Notar zu machen.

Der Wortlaut dieser letzteren Bestimmung: „Wer minderjährig ist oder Geschriebenes nicht zu lesen vermag, kann das Testament nur durch mündliche Erklärung errichten" lässt es zunächst überflüssig erscheinen, dass im § 2247 den gleichen Personen noch insbesondere die Fähigkeit der eigenhändigen Testamentserrichtung abgesprochen wird. Wenn sie „nur" auf die angegebene Weise testieren können, so ist damit doch schon alles gesagt. Dem ist aber nicht so. Das „nur" im § 2238 II bezieht sich ebenso wie das in § 2243 ausschliesslich auf den Rahmen der ordentlichen Testamentsformen nach § 2231 No. 1. Für § 2243 ist das wichtig. Wenn hier vorgeschrieben wird, dass derjenige, der „nach der Überzeugung des Richters oder des Notars stumm oder sonst am Sprechen verhindert ist, das Testament nur durch Übergabe einer Schrift errichten" könne, so ist diesen Personen doch erlaubt, falls nicht gleichzeitig noch die Voraussetzungen des § 2247 zutreffen, auch ein eigenhändiges Testament zu errichten.[1]) Darum versteht sich der § 2247 auch nach der Norm des § 2238 nicht von selbst.

So ist allein nach § 2247 zu beurteilen, ob eine Person sich der Form des eigenhändigen Testamentes bedienen darf oder nicht.

Der Testator muss volljährig sein. Da nach BGB. § 2 die Volljährigkeit mit der Vollendung des einundzwanzigsten Lebensjahres eintritt, so sind demgemäss alle eigenhändigen Testamente Personen jüngeren Alters nichtig.[2])

Der Testator muss ferner Geschriebenes zu lesen vermögen. Im Interesse der Rechtssicherheit, aber auch im

[1]) Zachariae-Crome a. a. O. § 677 Anm. 1. Das im Texte Gesagte: „Es können nur diejenigen ein eigenh. Test. machen, welche schreiben können, selbst wenn sie blind wären" trifft bezügl. des Letzteren für das BGB. nicht zu.

[2]) cfr. aber BGB. § 3.

Interesse des Testators selbst, begnügt sich das Gesetz nicht damit, dass dieser imstande ist, in ordentlicher Weise ein Testament eigenhändig aufzusetzen, er soll auch in der Lage sein, das von ihm Geschriebene selbst wieder durchzusehen und zu kontrollieren. Weil Analphabeten naturgemäss schon nicht eigenhändig testieren können, da sie gar nicht eigenhändig zu schreiben vermögen, so wird die Bestimmung, wie bereits bemerkt,[1]) nur für Leute praktisch, die in späterem Alter ihr Augenlicht verloren haben. Eine dahin gehende Sicherheit, dass der Testator jederzeit sein Testament wieder nachzusehen imstande ist, sowie sich zu überzeugen, dass keine Fälschung daran vorgenommen worden ist, giebt die Bestimmung allerdings nicht. Hat jemand ein eigenhändiges Testament errichtet und erblindet dann später, so erleidet natürlich das Testament an seiner Geltung keine Einbusse;[2]) Nachträge irgendwelcher Art wird er jedoch in eigenhändiger Testamentsform nicht mehr machen können.

Der § 2247 betont zur Befugnis eigenhändig zu testieren lediglich die Fähigkeit des Lesens, äussert sich aber nicht darüber, inwieweit auch der Testator imstande sein muss, wirklich eigenhändig zu schreiben. Jemand, der überhaupt nicht schreiben gelernt hat, kann regelmässig auch Geschriebenes nicht lesen und ist folglich schon deshalb von der eigenhändigen Testamentserrichtung ausgeschlossen d. h. ein eigenhändiges Testament, das er mit geführter Hand geschrieben, wäre nichtig.[3]) Dasselbe gilt von einem Blinden. Anders scheint es uns aber zu sein, wenn jemand zu lesen und zu schreiben versteht, letzteres aber infolge eines körperlichen Fehlers, wie Lähmung oder Schwäche nicht ohne Hilfe auszuüben vermag. Indem es

---

[1]) Siehe p. 78 Anm. 3.

[2]) Hier bietet dem Erblasser Schutz die Möglichkeit das Testam. in amtl. Verwahrung zu geben; siehe p. 97, 98.

[3]) Ausnahmsweise könnte jemand Geschriebenes zu lesen gelernt haben, ohne schreiben gelernt zu haben. Die Unfähigkeit eines solchen zur eigenh. Testamentserrichtung ergiebt sich aus der im Texte folgenden Erwägung.

schwer ist in Praxi eine feste Grenze zu ziehen, wann die Hand des Testators geführt, wann nur gestützt worden ist, so ist wohl das beste und richtigste Kriterium, wenn man nach dem Verstehen des Schreibens fragt und ein eigenhändiges Testament eines schriftverstehenden Testators als gültig anerkennt, gleichviel ob und mit wie ausgedehnter Hilfe es niedergeschrieben worden ist.[1])

§ 4. Eigenhändiges gemeinschaftliches Testament.

Nach § 2267 ist die Form des eigenhändigen Testamentes auch zur Abfassung eines gemeinschaftlichen Testamentes zulässig.[2]) Es tritt noch eine Vereinfachung dahin ein, dass nur der eine Ehegatte sämtlichen Erfordernissen des § 2231 No. 2 Genüge thun muss, und der andere Ehegatte nur die Erklärung beizufügen braucht, dass das vorliegende Testament auch als das seine gelten soll. Diese Erklärung muss aber auch unter Angabe des Ortes und des Tages eigenhändig geschrieben und unterschrieben werden. Ort und Datum brauchen nicht dasselbe, wie bei der ersten Angabe zu sein; selbstverständlich muss das Datum aber einen späteren Tag aufweisen.[3])

Abgesehen von dieser Vereinfachung gelten für das gemeinschaftliche eigenhändige Testament besondere Vorschriften nicht.[4])

§ 5. Das eigenhändige Testament im internationalen Privatrecht.

Das BGB. hat im E.G. Art. 11 nicht einseitig den Grundsatz der Statutentheorie: locus regit actum aufgenommen, sondern stellt neben diesem noch fest, dass die Rechtshandlung auch nach dem Rechte des Ortes vor-

---

[1]) cfr. Zachariae-Crome § 676 a. E. Anm. 8. Die Schwierigkeit der Frage, ob ein mit geführter Hand geschriebenes eigenh. Testament eines Analphabeten gültig sein soll, ist nach BGB. durch den § 2247 gehoben.

[2]) § 2265: Ein gemeinschaftl. Testam. kann nur von Ehegatten errichtet werden.

[3]) cfr. Endemann a. a. O. p. 119 Anm. 14.

[4]) vergl. Pfaff-Hofmann a. a. O. II p. 166 (ad § 583 resp. 1248, Unger a. a. O. § 21 Anm. 4. cfr. Endemann a. a. O. § 27 p. 119 Anm. 15.

genommen werden kann, wo die Wirkung der Rechtshandlung eintreten soll. Demgemäss bestimmt sich in dieser Hinsicht die Form der letztwilligen Verfügung auch nach der Staatsangehörigkeit. In Anbetracht dessen, dass man sich im Auslande oft scheuen würde, ein Testament zu errichten, wenn man sich den Gesetzen dieses Landes unterziehen müsste, so ist es von weittragender Bedeutung, dass sich danach jeder Deutsche auch im Ausland der einfachen und leichten Form des eigenhändigen Testamentes bedienen kann.[1])

2. Kapitel.

Die Wirkungen des eigenhändigen Testamentes.

§ 1. Gültigkeit und Ungültigkeit.

Von den beiden kulturhistorischen Erbrechtsanschauungen, der römischen, dass die naturgemässe Erbfolge die Testat-, die subsidiäre die Intestaterbfolge sei, der germanischen Anschauung, nach der das Testamentsrecht hinter die natürliche Ordnung der gesetzlichen Erbfolge zurücktritt, neigt das BGB. der letzteren zu. Es geht zwar keineswegs von einem odium testamentarium aus, was die Zulassung des eigenh. Testamentes am besten beweist, aber sinngemäss ist jedes Testament doch eine, allerdings vom Gesetze gestattete, Abweichung von dem von diesem selbst Gewollten.[2]) Diese Erwägung müssen wir vorausschicken, um den richtigen Standpunkt zu gewinnen, ein Testament nur dann für rechtskräftig zu erachten, wenn es bis ins Einzelste den Anforderungen, welche das Gesetz an dasselbe stellt, entspricht. Dem Gesetze ist gleichsam nichts darum zu thun, ein Testament aufrecht zu erhalten und ist aller Orten bereit, seine Ordnung an die Stelle der willkürlichen Erbfolge treten zu lassen.[3])

---

[1]) cfr. Endemann a. a. O. § 22 p. 99 No. 7.

[2]) Siehe p. 42f.

[3]) Dem widerspricht nicht etwa § 2084. Nicht der Bestand eines Testam. überhaupt, sondern nur der Inhalt eines solchen soll „benigne" interpretiert

Enthält das Testament alle Voraussetzungen, die das Gesetz für seine Gültigkeit verlangt, so ist damit der subjektive Wille des Erblassers rechtsgültig: er hat nach seinem eigenen Willen bestimmt, wie es mit seinem Vermögen nach seinem Tode gehalten werden soll.

Gleichgültig ist hierfür die Form, in der das Testament errichtet worden ist, soweit dieselbe natürlich überhaupt eine und auch für den speziellen Fall zugelassene ist.[1]) So macht es keinen Unterschied, ob das Testament ein öffentliches oder ein eigenhändiges ist. Die materiellen Wirkungen sind stets dieselben.

Wie bereits bemerkt wurde,[2]) enthalten andere Gesetzbücher ausdrückliche Normen, dass ein Testament, welches in einer Beziehung den äusseren Formvorschriften nicht genügt, ungültig sein soll. Mit Recht hat das BGB. eine derartige Bestimmung nicht aufgenommen, denn sie ist durchaus überflüssig und giebt nur zu Verwirrungen Anlass. Man fragte sich, warum wird gerade hervorgehoben, dass Formmängel ein Testament nichtig machen; andere Mängel thuen es also nicht? Zweifellos ist solches argumentum e contrario ganz unzulässig. Um eine Methode in die Vorschrift hineinzubekommen behauptete man, unter den „Erfordernissen" (österr. GB. § 601) seien sämtliche verstanden, obwohl auf der Hand lag, dass es nur die äusseren Formalien waren.[3]) Dass wegen Formmängel ein Testament nichtig ist, ist feststehend, ebenso ist aber

---

werden. cfr. Endemann a. a. O. § 24 p. 104 Anm. 1: Der sog. favor testamenti oder voluntas defuncti bedeutet nicht, dass die testamentarische Erbfolge auf Kosten der gesetzlichen begünstigt werden sollte. cfr. Hofmann: kritische Studien im röm. R. p. 106, 128. Der von uns angegebene Grund die Gültigkeit der Testam. strictissimi iuris zu prüfen, scheint uns für das BGB. richtiger zu sein, als die Meinung Zachariae-Cromes (a. a. O. p. 271), der dies deshalb gethan wissen will, weil die Formvorschriften „positive Ausnahmen" von der natürlichen Testierfreiheit darstellen. cfr. Entsch. des R.G. VII p. 294 III.

[1]) Eine ausserordentl. Testam.-Form ist nicht zulässig für einen Fall, der eine ordentl. erfordert.

[2]) Siehe p. 72 Abs. 3.

[3]) Ausführlich nachgewiesen von Winiwarter a. a. O.

auch nicht daran zu zweifeln, „dass auch der Mangel eines andern als eines Formerfordernisses ein Testament ungültig macht.“[1])

Die Erfordernisse, die das Gesetz an ein Testament stellt, werden zweckmässig zunächst in zwei Gruppen geteilt, in diejenigen, welche allen gemeinsam sind[2]) und die, welche besonders den einzelnen Testamentsformen zukommen.[3])[4]) Ist nur eins von diesen beiderartigen Erfordernissen nicht erfüllt, so ist das Testament nichtig. In der Nichtigkeit aus diesen Gründen tritt nun noch die Ungültigkeit wegen Unechtheit, obwohl das Testament äusserlich allen Gesetzesanforderungen Genüge thun mag.

Es ist sehr wertvoll, besonders für Rechtsfragen des eigenhändigen Testamentes die Nichtigkeit eines Testamentes nach ihrer jeweiligen causa zu unterscheiden. Dadurch dass dies meistens unterlassen wurde, hat eine grosse Unklarheit darüber Platz gegriffen, wie die Beweislast der Gültigkeit resp. Ungültigkeit eines eigenhändigen Testamentes zu verteilen sei.[5])

„Ungültig“, „nichtig“ ist jedes Testament, dem keine rechtliche Wirkung vom Gesetze zuerkannt wird; das ist „Ungültigkeit“ im umfassenden Sinne des Wortes. Diese Ungültigkeit kann nun zur Ursache haben:

1. Eine Formwidrigkeit des Testamentes.

2. Unechtheit der Testamentsurkunde.

3. „Ungültigkeit“ eines Testieraktes, der thatsächlich und unbestritten stattgefunden hat. Dies ist „Ungültigkeit“

---

[1]) Pfaff und Hofmann a. a. O. II, 1 p. 207 (ad § 601). Derselbe charakterisiert auch die geringe Bedeutung der Vorschrift zutreffend: „Der Paragraph (601) schärft nur eben etwas Selbstverständliches mit spezieller Hinsicht auf die Form ein . . .“

[2]) B.G.B. § 2064; § 2065; § 2078; § 2079; § 2229.

[3]) B.G.B. §§ 2231—2273.

[4]) Alle anderen Einteilungen sind nur wissenschaftliche.

[5]) Über diese Hauptstreitfrage bezügl. des eigenh. Testam. und ihre Litteratur cfr. Zachariae-Crome a. a. O. § 679 (Anm. 2, 3, 4), Platenius a. a. O. p. 296 Anm. 8. Pfaff und Hofmann a. a. O. ad § 578 VIII und besonders id. Exkurse über das österr. G.B. II p. 78 ff.

im engeren Sinne des Wortes.[1]) Wie Formwidrigkeit und Unechtheit hat auch „Ungültigkeit“ im engeren Sinne also erst die Ungültigkeit im weiteren Sinne zur Konsequenz.

Diese Trennung der Ungültigkeitsursachen kompliziert sich nun noch etwas dadurch, dass 1 und 2 absolute Ungültigkeit des Testamentes mit sich bringen, während 3, die Ungültigkeit im engeren Sinne, wiederum in eine absolute und eine relative Ungültigkeit, im Sprachgebrauch des BGB. „Anfechtbarkeit“, zerfällt, die dann ihrerseits wieder je nachdem absolute oder relative Ungültigkeit des Testamentes selbst zur Folge hat.

1. Formwidrigkeit, 2. Unechtheit, 3. Ungültigkeit im engeren Sinne.

absolute (Testierunfähigk., Unsittlichkeit der Verfügung etc.) — relative (Zwang, Irrtum etc.)

absolute Ungültigkeit im weiteren Sinne. — relative Ungültigkeit i. w. S.

Beispiele für 1 und 2 erübrigen sich. Als Beispiel für die absolute Ungültigkeit im engeren Sinne sei Vornahme des Testieraktes durch einen Testierunfähigen genannt, Unsittlichkeit der Verfügung etc.[2]) Relative Ungültigkeit im engeren Sinne, die Anfechtbarkeit, wird durch Zwang, Irrtum . . . begründet.[3])

Formwidrigkeit, Unechtheit und absolute Ungültigkeit

---

[1]) Pfaff und Hofmann, der sinngemäss die Unterscheidung richtig durchührt, sondert u. E. die Begriffe auch noch nicht scharf genug; so tritt der Doppelsinn der Ungültigkeit nicht hervor. cfr. a. a. O. ad § 578 IX. — Nicht in Betracht ziehen wir die weiteste Einteilung in Wirksamkeit und Unwirksamkeit. Nicht jedes „gültige Test. ist auch wirksam“. cfr. Endemann a. a. O. p. 199 § 46 4 II. Siehe auch id. § 46 Anm. 11, § 47 und § 49.

[2]) Weitere Anwendungsfälle siehe bei Endemann a. a. O. p. 201 c.

[3]) BGB. § 2078. cfr. Endemann a. a. O. § 49 p. 208 No. 2.

im engeren Sinne haben demnach die Wirkung der absoluten Testamentsungültigkeit.

Der Testierakt eines Testamentes, der z. B. aus Zwang erfolgt, ist anfechtbar, d. h. relativ ungültig im engeren Sinne. Durch die Anfechtbarkeit dieses Testieraktes ist auch das Testament selbst anfechtbar, relativ ungültig im weiteren Sinne.

Diese begriffliche Scheidung kommt in der alltäglichen Sprechweise nicht zum Ausdruck, und auch ganz mit Recht nicht. Da wird nur bemerkt, ob ein Testament „gültig" oder „ungültig" ist, das interessiert allein die Parteien endgültig; dagegen treten die Ursachen hiervon ganz in den Hintergrund. Statt zu sagen a hat b und b hat c zur Folge, zieht man gleich den Schluss daraus und sagt a hat c zur Folge. Wohl einleuchtend ist aber, dass die unterschiedenen Momente für die inneren Rechtsbeziehungen von Bedeutung sind.

Nicht mehr als erwähnt zu werden verdient, dass die Ungültigkeit im weiteren Sinne, die durch Formwidrigkeit, Unechtheit und absolute Ungültigkeit im engeren Sinne hervorgerufen ist, in der Regel den ganzen Inhalt des Testaments ergreifen, während relative Ungültigkeit im engeren Sinne meistens nur eine einzelne Verfügung annulliert.[1]) Dies wird aber so oft durchbrochen, ist so wenig etwas typisches, dass man nur von der Thatsache Kenntnis zu nehmen hat, dass ein Gesetz sich daraus aber nicht gewinnen lässt.[2])

Obwohl es für das Testamentsrecht im allgemeinen gilt und nicht Besonderheit des eigenhändigen Testamentes ist, so mag der Vollständigkeit wegen hinzugefügt werden: ein absolut ungültiges Testament kann von dem Testator

---

[1]) cfr. Endemann a. a. O. p. 201 c; Zeiller a. a. O. II p. 489; Pfaff und Hofmann a. a. O. II p. 208 ad § 601 III.

[2]) Absolute Ungültigkeit i. e. S., die nur einen Teil des Testamentes nichtig macht, z. B. Unsittlichkeit einer bestimmten Anordnung. Auch der nachgewiesene „unechte" Teil eines Testam. macht natürlich den echten nicht nichtig etc. cfr. Winiwarter a. a. O. III p. 107.

selbst auf keine Weise bestätigt werden, er muss ein neues Testament errichten.[1]) Wohl können aber die Erben nach dem Tode des Testators ein solches nichtiges Testament freiwillig in Vollziehung setzen, „mit der Wirkung dass sie es nicht mehr denen gegenüber anfechten können, zu deren Vorteilen es vollzogen worden ist.“ [2]) Keineswegs wird aber damit das ungültige Testament rechtsgültig; es handelt sich in einem solchen Falle um die wissentliche Leistung eines indebitum.[3])

§ 2. Aufbewahrung des eigenhändigen Testamentes.

Ein Hauptbedenken, das gegen die Form des eigenhändigen Testamentes geltend gemacht wird, richtet sich dahin, sie biete zu wenig Gewähr, dass die letztwillige Verfügung des Erblassers auch wirklich nach seinem Tode zur Ausführung gelange. Wie leicht sei es nicht für diejenigen, die an der Nichtverwirklichung des Testamentes interessiert wären, dasselbe einfach zu unterschlagen, wenn es nach dem Tode des Erblassers in ihre Hände fiele, ganz abgesehen noch von den Fälschungen und Unterschiebungen, die diese Form auch zu leicht ermögliche. Dieses Bedenken, dessen Berechtigung nicht zu verkennen ist, führte zwar nicht dazu, die eigenhändige Testamentsform überhaupt zu verwerfen, wohl aber wurde von ihren Anhängern ein zweckmässiger Ausweg gefunden, nämlich: die amtliche Aufbewahrung des eigenhändigen Testamentes.[4])

Die gesetzliche Bestimmung darüber findet sich im § 2247: „Ein nach § 2231 No. 2 errichtetes Testament ist auf Verlangen des Erblassers in amtliche Verwahrung zu

---

[1]) Das gilt nicht nur von einem wegen Formmangel nichtigen Testam. cfr. Zachariae-Crome a. a. O. § 674.

[2]) Zachariae-Crome a. a. O. § 674 a. E.

[3]) Näheres hierüber siehe bei dem in Anm. 12 von Zachariae-Crome a. a. O. § 674 Citierten.

[4]) cfr. Haidlen: Komm. z. BGB. ad § 2231 No. 2, den Auszug aus dem Reichst.-Komm.-Bericht.

nehmen. Die Vorschrift des § 2246 Abs. 2 findet Anwendung". In dieser wird gesagt, dass über das in amtliche Verwahrung genommene Testament ein Hinterlegungsschein erteilt werden soll. —

Die amtliche Aufbewahrung erfolgt bei einem Gerichte oder bei einem Notar.[1]) Dass dieselbe bei dem eigenhändigen Testament als Privattestament dem Belieben des Erblassers überlassen werden musste, verstand sich von selbst.[2]) Die Möglichkeit eines solchen ist aber auch schon geeignet, hinreichenden Schutz zu bieten. Hat der Erblasser in seinem Testamente Anordnungen getroffen, die denen, welche voraussichtlich seinen Nachlass eröffnen würden, ungünstig sind, so wird er wohl von selbst von der sicheren Aufbewahrung Gebrauch machen, wenn er nicht von der Ehrenhaftigkeit der betreffenden Angehörigen durchdrungen ist.

Der Testator kann also auch das Testament selber aufbewahren, wie es auch aufbewahren lassen, von wem er will, z. B. es bei einem Bankier als Depot niederlegen.[3]) So wird er es auch oft einem Vertrauensmann geben, mit dem Auftrag, es nach seinem Tode in Vollzug zu setzen. Hierbei ist aber zu beachten, dass ein Auftrag, der etwa dahin geht, diesen Vollzug nur in einem bestimmten vorhergesehenen Fall vorzunehmen, ungültig ist, es sei denn, dass er selbst in Testamentsform erteilt ist. Sonst darf der Vertrauensmann bei dem Tode des Erblassers das Testament keineswegs zurückbehalten und so, wie es geschrieben ist, wird es rechtswirksam. Soll das Testament rechtsgültig bedingt sein, so muss die Bedingung entweder, und das ist das einfachste, im Testament selbst zum Ausdruck kommen, oder eine besondere testamentarische Verfügung dieselbe festsetzen.[4]) Jeder Besitzer einer Testaments-

[1]) Das geht aus BGB. § 2246 hervor.

[2]) Siehe aber p. 61 Abs. 2.

[3]) cfr. Endemann a. a. O. § 27 p. 120 No. 4.

[4]) Zachariae-Crome § 723.

urkunde ist nach § 2259 I verpflichtet, sobald er vom Erbfall Kenntnis erlangt, diese dem Nachlassgericht abzuliefern.[1])

§ 3. Widerruf.

Als einseitige Willenserklärung ist ein Testament vom Erblasser jeder Zeit sowohl im einzelnen, wie im ganzen frei widerruflich.[2]) Das BGB. kennt verschiedene Widerrufsarten, aber es unterscheidet diese nicht nach den verschiedenen Testamentsformen. Die Vorschriften der §§ 2253 bis 2258 über den Widerruf und die Aufhebung[3]) beziehen sich alle auf das Testament als solches, gleichgültig in welcher Form es errichtet worden ist. Trotzdem erscheint es angebracht, einzelne hier einschlägige Rechtsfragen auch bei einer speziellen Untersuchung über das eigenhändige Testament in den Kreis der Betrachtung zu ziehen. Der Grund dafür ist, dass einige derselben, wenn sie auch theoretisch der Form des eigenhändigen Testamentes nicht ausschliesslich zugehören, so doch praktisch in allererster Reihe sie betreffen.

Das nach § 2231 No. 1 vor einem Richter oder vor einem Notar errichtete Testament soll nach § 2246 in besondere amtliche Verwahrung genommen werden, und die Art der Errichtung vor einer Behörde bürgt dafür, dass fast ausnahmslos dieser gesetzlichen Bestimmung nachgekommen wird.[4]) Ein solches in amtliche Verwahrung gebrachte Testament gilt nach § 2256 I bereits dann als widerrufen, wenn die Urkunde dem Erblasser zurückgegeben

---

[1]) cfr. Endemann a. a. O. § 27 p. 120 Anm. 21.

[2]) BGB. § 2253 cfr. § 2302.

[3]) Über den Unterschied zwischen „widerrufen" und „aufheben" cfr. Endemann a. a. O. IV p. 213 und Anm. 7.

[4]) Zu den „Formen" der Errichtung eines öffentlichen Testam. zählen, dass es in amtl. Verwahrung gebracht wird, wie es Endemann a. a. O. IV p. 215b thut, möchten wir deshalb nicht, weil jeder Verstoss gegen gesetzl. Formvorschriften das Test. nichtig macht, weil ein Verstoss gegen die Vorschrift des § 2246 wegen des „soll" Nichtigkeit des Testamentes aber nicht mit sich führt.

wird, und nach Abs. II desselben Paragraphen kann der Erblasser die Rückgabe jeder Zeit verlangen.[1]) Daraus erhellt, dass der § 2255: „Ein Testament kann (auch dadurch) widerrufen werden, dass der Erblasser in der Absicht, es aufzuheben, die Testamentsurkunde vernichtet oder an ihr Veränderungen vornimmt, durch die der Wille, eine schriftliche Willenserklärung aufzuheben, ausgedrückt zu werden pflegt,“ für das öffentliche Testament kaum zur Anwendung gelangen wird. Wenn schon durch die Rücknahme aus der amtlichen Verwahrung nach Gesetzesvorschrift der Wille ausgesprochen wird, das Testament aufzuheben, so ist es irrelevant, ob ausserdem noch mit der Urkunde in der in § 2255 bezeichnenden Weise verfahren wird oder nicht.[2])

Anders dagegen bei dem eigenhändigen Testament. Zwar kann auch dieses in amtliche Verwahrung genommen werden,[3]) aber dies erfolgt nur auf besonderes Verlangen, das Gesetz steht dem passiv gegenüber. Dem entsprechend bestimmt § 2256 III, dass die Rücknahme eines eigenhändigen Testamentes aus amtlicher Verwahrung auf die Wirksamkeit des Testaments keinen Einfluss ausübe.[4]) Der Testator muss also noch durch etwas anderes seinen Widerruf zu erkennen geben, und gerade die Aufhebung des Testamentes nach § 2255 wird als die für das eigenhändige Testament natürlichste Art am häufigsten gewählt werden; dies, obgleich sie nicht die regelmässige Form zum Widerruf ist, als welche vom Gesetz § 2254 der Widerruf durch Testament festgesetzt worden ist.[5,6])

---

[1]) Zu beachten § 2256 II: „Die Rückgabe darf nur an den Erblasser persönlich erfolgen“.

[2]) Eine solche Vornahme am öffentl. Testam. ohne Rücknahme aus der amtl. Verwahrung ist nicht möglich.

[3]) Siehe p. 97 f.

[4]) cfr. Endemann a. a. O. p. 120 Anm. 20 p. 215 Anm. 17. Im übrigen gelten für die Rücknahme eines eigenh. Testam. dieselben Bestimmungen, wie für die eines öffentl.

[5]) cfr. Endemann a. a. O. § 50 p. 213 No. 2.

[6]) Bei einem eigenh. nicht in amtl. oder sonstige Verwahrung gegebenen Testament wird die regelmässige Aufhebung nach § 2254 wohl überhaupt

Zum Widerrufe im allgemeinen ist an sich dieselbe Geschäftsfähigkeit erforderlich, wie zur Errichtung des Testamentes.[1]) Ferner ist bei dem Widerruf durch Testament zu beobachten, dass der Widerrufende nur diejenige Form wählen kann, zu deren Ausübung er gesetzlich befähigt ist So kann ein Minderjähriger, der nach § 2238 II testiert hat, solange er nicht volljährig geworden ist, auch nur wieder durch ein Testament in der Form des § 2238 seine letztwillige Verfügung aufheben. Für denjenigen aber, der zur Zeit des Widerrufes für die Errichtung eines Testamentes unter den verschiedenen Formen frei wählen könnte, kommen auch zum Widerruf die verschiedenen Testamentsformen gleichwertig in Betracht: ein öffentliches Testament darf durch ein eigenhändiges, ein eigenhändiges durch ein öffentliches aufgehoben werden.[2])

Die Art des Widerrufs nach § 2255 steht jedem, der

---

nie statthaben; wo nicht Widerruf nach § 2255 erfolgt, da sicher nur Aufhebung nach § 2258.

[1]) Wichtige Ausnahme § 2253II. Also nur ein wegen Geisteskrankheit Entmündigter kann ein Testam. überhaupt nicht widerrufen. cfr. B.G.B §§ 6, 104, 114. Die Unterscheidung zwischen „geisteskrank" und „geistesschwach", die hier so bedeutsam wird, wird zu Schwierigkeiten Anlass geben. Einen Massstab zur richtigen Beurteilung bietet die Ansicht Stammlers, der folgendes darüber ausführt: Zurechnungsfähigkeit ist die Eigenschaft, welche die unerlässliche Vorbedingung zu objektiv richtigem Wollen ist. Diese Eigenschaft besteht in der Fähigkeit den Inhalt seines Vorstellens, des Wahrnehmens, wie des Wollens mit demjenigen von andern Menschen zu vergleichen und danach zu richten: es ist Vergleichungsfähigkeit. Dieses Merkmal hat darin den Beweis seiner Richtigkeit, dass es die einzige allgemein gültige Vorbedingung ist, um in jedem besonderen Falle das Normale der Geistesbeschaffenheit des Betreffenden festzustellen und es trägt allen möglichen Zwischenstufen der Geistes-Abnormität erschöpfend Rechnung. Geisteskrank ist der, der jener Fähigkeit ganz entbehrt, geistesschwach ein solcher, der sie nur unsicher besitzt, geistesgebrechlich derjenige, der in einzelnen Richtungen jene Möglichkeit nicht hat. — cfr. Pfaff und Hofmann a. a. O. p. 643 ad § 718.

[2]) cfr. Endemann a. a. O. § 50 p. 213, 2. id. Anm. 4: „Das begründet allerdings die Gefahr, die im bisherigen Recht bereits unliebsame Bestätigung gefunden hat, dass das aufhebende eigenhändige Testam. erst später entdeckt wird und dann alle bereits eingetretenen Rechtswirkungen für die Erben rückgängig gemacht werden müssen. Der Erblasser mag daher den § 2248 beobachten."

überhaupt ein einmal errichtetes Testament aufheben kann, in gleicher Weise zu. Sie ist nicht sowohl im Sinne des Begriffes „Widerruf", als dass vielmehr der Wille, das Testament solle nicht mehr bestehen, durch konkludente Handlungen unzweideutig zum Ausdruck gelangt.

Der Erblasser muss die Urkunde vernichten oder an ihr solche Veränderungen vornehmen, dass objektiv nicht bezweifelt werden kann, er wolle das Testament unwirksam machen: zerreissen, ausstreichen u. dergl. Da aber die Vernichtung der Urkunde dem Erblasser zufällig passieren kann, so erfordert das Gesetz ausdrücklich zu dem blossen Faktum der Zerstörung auch noch die Widerrufsabsicht, stellt für diese in § 2255 II jedoch eine gesetzliche Präsumtion auf.

Aus dem § 2255 geht hervor, dass ein Testament dann nicht aufgehoben ist, wenn es 1. vom Testator ohne Absicht verletzt,[1]) 2. vom Testator in nicht widerrufsfähigem Zustande verletzt, 3. nicht vom Testator a) durch einen Dritten b) durch Zufall verletzt worden ist.

Die Verletzung durch einen Dritten auf Befehl oder auf speziellen Wunsch des Erblassers ist der Wirkung nach der persönlichen Zerstörung gleichzuachten.[2]) Die nachträgliche Genehmigung der Zerstörung durch einen Dritten seitens des Erblassers hebt jedoch das Testament nicht auf. Derjenige, der auf Befehl des Testators die Urkunde vernichtet, ist nur Werkzeug desselben; hier aber „fehlt die schlüssige nach aussen hin sich bethätigende

---

[1]) „Verletzt" soll hier die beiden Punkte des § 2255: „vernichten" und „verändern" umfassen. Synonym gebrauchen wir dann auch den Ausdruck „zerstören".

[2]) Endemann a. a. O. IV § 50 p. 215 Anm. 15. cfr. Entsch. des R.G. Bd. 29 p. 329, 330. Die Entsch. stellt hinsichtlich dieser Frage nur fest, dass zwischen der Vernichtung oder Unleserlichmachung der Urkunde auf Antrag des Erblassers und der Genehmigung solcher Vornahmen sachlich ein Unterschied besteht. Ob auch solche Genehmigung nach Art. 1035 code civil geeignet sei, ein Testam. zu widerrufen, lässt sie dahingestellt. cfr. Pfaff und Hofmann a. a. O. p. 656 IV „selbst eine Ratihabitation ist nicht gerade undenkbar."

Aufhebungshandlung, die als Ersatz für die formelle Aufhebung durch Testament dienen soll. Die Rechtssicherheit erheischt klare Thatsachen. Aufhebung durch den Willen genügt nicht." [1])

Sind von einem eigenhändigen Testament mehrere Exemplare vorhanden, so müssen u. E. sämtliche vernichtet oder wie erforderlich verändert sein, damit das Testament nach § 2255 aufgehoben sein soll.[2]) Das Wesen und die gesetzliche Anerkennung dieser Aufhebungsart beruht gerade in der thatsächlichen Unbrauchbarmachung der Testamentsniederschrift.[3]) Diese ist nicht erfolgt, solange noch eine intakte Testamentsurkunde besteht. Auch würde ein anderer Standpunkt praktisch nicht haltbar sein. Mit Leichtigkeit kann der Testator dafür sorgen, dass die verschiedenen Exemplare zerstört werden; ist ihm ausnahmsweise eins nicht erreichbar, so ist es für ihn ganz einfach, seinen Widerrufswillen durch ein eigenhändiges Testament zu erkennen zu geben. Man bedenke aber, aus irgend einem geringfügigen Grunde gefällt dem Erblasser eines der Exemplare nicht, sei es wegen der Schrift, sei es, dass ein Tintenklex darauf gekommen ist, er vernichtet es. Dies allein brauchte nach-

---

[1]) Über die mit der Präsumtion zusammenhängende Beweisfrage siehe die Ausführungen in § 4 p. 104 ff.

[2]) Endemann a. a. O. § 50 p. 215b unterscheidet zwischen Hauptexemplaren und Abschriften. Bei ersteren genüge zur Aufhebung des Testam. die Vornahme der Zerstörung an einem. Was dagegen an einer Abschrift vorgenommen würde, sei rechtlich ohne Bedeutung. cfr. Entsch. des R.G. Bd. XII p. 184. Die von uns vertretene Ansicht ist gesetzlich normiert im österr. BGB. § 721 Satz 2: Wenn von mehreren gleichlautenden Urkunden nur eine vertilgt worden, so kann man daraus auf keinen Widerruf schliessen" cfr. Zeiller a. a. O. p. 700f. (ad § 721).

[3]) Das wird im Gesetze besonders dadurch gekennzeichnet, dass der Widerruf des durch Testam. erfolgten Widerrufes einer letztwilligen Verfügung diese wieder aufheben lässt: § 2257; der — durch Testam. sehr wohl mögliche — Widerruf eines nach § 2255 widerrufenen Testam. dasselbe jedoch nicht wieder rechtsgültig macht. arg. e. contr. aus § 2257: „Wird der durch Testament erfolgte Widerruf . . ." cfr. Endemann a. a. O. § 50 p. 214 No. 2 c.

gewiesen zu werden, und schon sollte die gesetzliche Vermutung dafür sein, dass der Erblasser sein Testament habe aufheben wollen? Das ist nicht angängig.

§ 4. Beweisfragen.

I.

Nur dann, wenn die Testamentsurkunde von einem widerrufsfähigen Erblasser mit der Absicht das Testament aufzuheben zerstört worden ist, ist ein nach § 2255 rechtsgültiger Widerruf des Testamentes erfolgt. Hieraus ergiebt sich, dass ein blosses Nichtvorhandensein eines Testamentes bei dem Ableben des Erblassers noch kein Beweis dafür ist, dass derselbe auch thatsächlich keine testamentarische Verfügung hinterlassen habe. Für den Fall, dass in dem Nachlass überhaupt kein Testament vorgefunden wird, steht als Streitpunkt von vorneherein ja nur eine mögliche Vernichtung der Urkunde in Frage. Stellt sich heraus, dass der Erblasser re vera ein gültiges Testament errichtet hatte, und wird sein Inhalt offenkundig gemacht, so wird es wirksam sein müssen, so lange nicht der Umstand des Widerrufs nachgewiesen wird.[1])

Das Gesetz giebt selbst einen Hinweis, wie die Beweislast zu verteilen ist. Der § 2255 II lautet: „Hat der Erblasser die Testamentsurkunde vernichtet oder in der bezeichneten Weise verändert, so wird vermutet, dass er die Aufhebung beabsichtigt habe.“ Dies besagt, derjenige, der sich auf die Unwirksamkeit des Testamentes beruft, muss den Beweis für den „Widerruf“ führen. Um ihm jedoch diesen Beweis zu erleichtern, stellt das Gesetz von den beiden Widerrufsmomenten nämlich a) der Zerstörung durch den Erblasser, b) dem Aufhebungswillen, für letzteres eine Präsumtion auf.[2]) Es ist also festzuhalten, nicht dass die Zerstörung vom Erblasser vorgenommen worden

[1]) cfr. Zachariae-Crome a. a. O. p. 223 und 224.

[2]) cfr. Endemann a. a. O. § 50 p. 124 No. 3a III.

ist[1]) wird vom Gesetze vermutet, sondern lediglich, wenn dieses erwiesen ist, so soll bis auf weiteres angenommen werden, der Erblasser habe auch die Absicht gehabt, das Testament aufzuheben.

Hiernach ist die Beweislast dahin zu verteilen, dass die Testaments-Interessenten die formgerechte Errichtung eines solchen und naturgemäss auch seinen Inhalt ausser Zweifel zu setzen haben. Die Beurteilung dieses unterliegt der freien Beweiswürdigung des Richters. Ist hiernach der Nachweis erbracht, so ist es Sache der Testamentsgegner[2]) darzuthun, dass der Testator das Testament habe aufheben wollen. Hierzu genügt nun der Nachweis, dass die Testamentsurkunde vom Erblasser vernichtet worden ist. Die Widerrufsabsicht wird dann vermutet. Den Testaments-Interessenten liegt demnach ob etwa zu beweisen, dass diese gesetzliche Vermutung sich nicht bestätigt, da die Zerstörung durch „Zufall“ [3]) erfolgt sei.

Der Fall, in dem zwar eine Testamentsurkunde im Nachlasse des Erblassers vorgefunden wird, diese jedoch in einer im § 2255 bezeichneten Weise zerstört ist, wird dem eben besprochenen, wo überhaupt keine Testaments-Urkunde vorlag, im wesentlichen analog zu behandeln sein,

---

[1]) „Hat der Erblasser . . .“ gleich „Vorausgesetzt, wenn bewiesen, dass der Erblasser . . . “

[2]) Hier im subjekt. Sinne gebraucht. Die einfachen Bezeichnungen von Testaments-Erben und gesetzl. Erben vermeiden wir deshalb, weil nicht gerade sie sich gegenüberzustehen brauchen. Man bedenke, dass nach dem BGB. Erbeinsetzung gar nicht zu erfolgen braucht, dass ein Testam. ausschliesslich Legate enthalten kann, dass vor allem aber auch sich zwei gegenüberstehen können, von denen der eine sich auf ein früheres Testam. stützt.

[3]) „Zufall“ hier in dem umfassenden, weiteren als gewöhnlichen Wortsinn gemeint, wie er auch z. B. in der Lehre vom periculum, vom Umfang der Restitutionspflicht bei Vindikationen etc., besonders aber in dem unseren Ausführungen entsprechenden § 722 des österr. BGB. gebraucht wird. „Zufällig“ ist, ausser dem bekannten Sinn des Begriffes, jede Zerstörung, die nicht vom Testator in Widerrufsabsicht und in testierfähigem Zustande vorgenommen worden ist. cfr. Pfaff und Hofmann a. a. O. ad § 721 und 722 II Abs. 2. Zeiller a. a. O. II ad 722 I.

denn auch hier muss in prozessualer Beziehung der Weg eingeschlagen werden, auf den § 2255 II hinzeigt.

Der erste Beweis, der vorher und zwar von Seiten der Testaments-Interessenten zu führen war, und der sich auf die beiden Punkte: testamentum extitisse (Urkunde und Inhalt) und fuisse solenne erstreckte, fällt nunmehr fort. Es steht sofort den Testaments-Gegnern an, den „Widerruf“ darzulegen, wobei ihnen die bereits erörterte Präsumtion zu Hilfe kommt.

Mit dieser Ordnung der Beweislast, die u. E. nach mit voller Klarheit aus der materiellen Rechtsnorm zu entnehmen ist, weicht das BGB. prinzipiell von anderen Rechten ab. Die de lege ferende zu den schwierigsten Materien des Testamentsrechtes gehörende Frage[1]) ist im österr. GB. § 722 dahin beantwortet worden, dass der „Zufall“ zu beweisen ist,[2]) hier muss also derjenige, welcher die Gültigkeit des Testamentes in Anspruch nimmt, von vornherein den Beweis für dieselbe führen.[3]) Während diese Anschauung mehr einem praktischen Standpunkt gerecht zu werden versucht, folgt das BGB. mehr einer logischen Konsequenz. Bei der Erwägung, ob die Absicht oder der Zufall zu erweisen sei, sagt Pfaff-Hofmann: „Nach rein theoretischer Betrachtung müsste man den Beweis des „consulto a testatore deletum“ verlangen. Zwar ist die Streichung keine rechtszerstörende, aber doch in gewissem Sinne eine rechtshindernde Thatsache; und wer sich auf ein Testament beruft, braucht nur dessen gültige Errichtung ausser Zweifel zu setzen.“[4]) So legt das BGB. den Beweis demjenigen auf, der sich auf den Widerruf des Testamentes stützt.

Dieses Prinzip wird aber für die Praxis nun bedeutend durch die gesetzliche Präsumtion gemildert, dass die Zerstörung durch den Erblasser auch die Vermutung für die

---

[1]) cfr. Pfaff und Hofmann a. a. O. ad § 722 Anm. 23.

[2]) Für das franz. Recht cfr. Zachariae-Crome a. a. O. p. 223 u. 224.

[3]) cfr. Zeiller a. a. O. ad § 722 I, 2.

[4]) cfr. Gruchot II p. 290: Citat aus Bethmann-Hollweg.

Aufhebungsabsicht mit sich bringt. Praktisch ganz gleich wie bei dem entgegengesetzten Standpunkt und doch ohne das Prinzip aufzugeben, hätte das BGB. die Sachlage so gestalten können, dass es nicht nur für die Aufhebungsabsicht eine Vermutung, sondern auch eine Vermutung dafür begründet hatte, dass die Testaments-Urkunde vom Erblasser zerstört worden sei, wenn eine solche zerstörte vorgefunden wird. Das ist aber nicht der Fall: der Wortlaut des § 2255 II lässt darüber keinen Zweifel.[1]) Und gerade die hier für den einen Punkt aufgestellte Vermutung hebt um so schärfer hervor, dass für den andern die gegenteilige Beweislast vom Gesetze gewollt ist.

Für die Beweiswürdigung durch den Richter werden allerdings auch nach dem Rechte des BGB. die Momente, welche andern Orts für eine andere Regelung dieser Frage ausschlaggebend gewesen sind, von Bedeutung bleiben. Der Richter wird berücksichtigen müssen, dass der Erblasser für die sichere Bewahrung einer so wichtigen Urkunde, wie das Testament, wohl Sorge getragen haben wird und dies als ein gewisses Dafürsprechen für die Annahme der Zerstörung durch den Erblasser zu halten haben. Auch werden die jeweiligen Umstände zu beachten sein „besonders, ob die Art der Löschung das Gepräge der absichtlichen oder zufälligen an sich trage, ob die Urkunde in einer mehr oder minder vorsichtigen, fremden oder eigenen Verwahrung war und dergl.“[2])

Im Einklang mit der allgemein herrschenden Lehre, dass die Zerstörung der Testaments-Urkunde durch einen Dritten auf Befehl des Testators der persönlichen gleichzuachten sei, haben wir auch nach dem BGB. dahin gehalten, dass eine derartige Zerstörung durch einen Dritten einen Widerruf des Testamentes nach § 2255 begründe.[3]) Nicht zu verkennen ist, dass in dem Wortlaut des § 2255 diese

---

[1]) cfr. p. 105 Anm. 1.

[2]) Zeiller a. a. O. ad § 722 I, 2. Auch Pfaff u. Hofmann a. a. O. p. 657 ad 722 citiert die Stelle in extenso.

[3]) Siehe p. 102 Abs. 4.

Ansicht keine Stütze findet. Es wird ausdrücklich gesagt, der Widerruf kann dadurch erfolgen, dass „der Erblasser ... vernichtet etc." Und da die Bestimmung des § 2255 eine positive Ausnahme zur regelmässigen Widerrufsart bildet, so sollte man grundsätzlich nicht über das vom Gesetz genau Normierte hinausgehen. Aber im Hinblick auf die Zweckmässigkeit wird man hier einer Extensiv-Interpretation die Berechtigung nicht absprechen können. Handelt ein Dritter auf Befehl des Erblassers, so mangelt ihm eigene Initiative, es kommt allein bei der Zerstörung der Urkunde doch nur die Person des Testators in Betracht. Wir erweitern hiermit die Norm des § 2255 I also dahin, das ihr Inhalt wortgetreu wiedergegeben lauten würde: „... dass der Erblasser oder ein Dritter auf Befehl des Erblassers ... die Testamentsurkunde vernichtet ..."

Die bisher einfache Gestaltung der Frage, zu der man sich wohl zustimmend oder ablehnend verhalten kann, wird jedoch nun dadurch verwickelter, dass der Abs. II, welcher, wie wir gesehen, die Beweislast regelt, mit diesem erweiterten Inhalt des Abs. I in Verbindung gebracht werden muss.

Indem man ausser Acht lässt, dass der Abs. II des § 2255 gerade nur einen prozessualen Hinweis für die in Abs. I gegebene Rechtsnorm enthält, fasst man diesen Abs. II selbständig dahin auf, dass die gesetzliche Präsumtion der Aufhebungsabsicht nur dann eintritt, wenn der Erblasser die Testamentsurkunde persönlich zerstört hat.[1]) Das Ergebnis ist dann, das derjenige, der sich darauf beruft, das Testament sei widerrufen, weil das Testament von einem Dritten auf Befehl des Erblassers zerstört worden sei, nicht die Vermutung des Aufhebungswillens für sich hat, sondern vollen Beweis desselben erbringen muss.

Wir argumentieren dagegen: Der Wortlaut des § 2255 Abs. I und Abs. II ist vollständig gleich; hier wie dort

---

[1]) cfr. Endemann a. a. O. § 50 p. 215 a. A.

steht „Hat der Erblasser . . . vernichtet.“ Würden die Absätze in gar keinem Zusammenhange stehen, so wäre an sich nichts dagegen einzuwenden, dass der Text des einen anders interpretiert würde, als der des zweiten. Hier will aber gerade der Abs. II den Inhalt des Abs. I nach einer bestimmten Richtung hin näher ausführen. Abs. I: Hat der Erblasser das Testament zerstört, so soll die Widerrufsabsicht vermutet werden. Es ist also nicht in Abs. II der „Erblasser“ zu betonen im Sinne von „persönlich“ als Gegensatz zu „einem Dritten“ — das Gesetz zieht die Zerstörung durch einen Dritten gar nicht in Betracht —, sondern was man im ersten Absatz unter „Zerstörung durch den Erblasser“ versteht, muss man notgedrungen auch im zweiten Absatze darunter verstehen.

Während also das Ergebnis der erörterten Auffassung im Texte des Abs. II dahin seinen Ausdruck finden würde: „Hat der Erblasser persönlich die Testaments-Urkunde vernichtet . . . . so wird vermutet, ... ist sie auf Befehl des Erblassers von einem Dritten vernichtet . . . . so wird nicht vermutet . . .“ würde nach unserer ganz analog dem Abs. I der Abs. II lauten: „Hat der Erblasser oder ein Dritter auf Befehl des Erblassers die Testamentsurkunde vernichtet, so wird vermutet . . .“

Wir haben diese Frage so eingehend behandelt, weil sich hier zwei Standpunkte scharf gegenüberstehen, und es uns darauf ankam, an der Hand des Gesetzes selbst für den unseren zu argumentieren.

Was sich in der theoretischen Betrachtung so klar scheidet, ist aber auch hier einmal wieder in der Praxis von untergeordneter Bedeutung. Auch die Vertreter der von uns abgelehnten Ansicht heben hervor, dass keine Präsumtion dafür besteht „ob“ die Zerstörung durch den Erblasser erfolgt ist, sondern ausschliesslich für den Aufhebungswillen. Dass dies geschehen ist, unterliegt also unbestritten der Beweisführung desjenigen, der die Unwirksamkeit des Testamentes geltend macht. Für den Fall, dass die Urkunde nun von einem Dritten auf Befehl zerstört worden ist, behaupten wir, dass gleichfalls nur der Befehl an den Dritten von dem Testamentsgegner zu erweisen ist, während die andere Ansicht hier gar keine Präsumtion eintreten lassen will und sowohl Befehl, wie Aufhebungswillen voll bewiesen haben will. Wird nun aber praktisch, selbst wenn bei Befehl nicht der Widerrufswille gesetzlich präsumiert wird, dem Richter nicht von selbst einleuchten, dass jemand, der einem befiehlt, eine Testamentsurkunde zu vernichten, diese damit unwirksam machen will? Was dort die gesetzliche Präsumtion thut, würde hier also durchaus durch die freie Beweiswürdigung des Richters ersetzt werden. —

Wir fassen uns dahin zusammen, dass wir einen Gegensatz, wie er bei Endemann[1]) dergestalt ausgedrückt ist: „Hat der Erblasser persönlich jene Zerstörungshandlung vorgenommen, so wird das vorsätzliche Handeln und der Aufhebungswille bei ihm unterstellt; der Gegner mag dann nachweisen, dass die Zerstörung aus Irrtum oder Versehen etc. geschehen sei. — Aber ist die Zerstörung auf Befehl des Erblassers durch einen andern erfolgt, so muss der volle Beweis für den Aufhebungswillen durch den erbracht werden, der sich darauf beruft" in den beiden Punkten nicht erblicken können. Hier, wie dort muss der sich auf die Unwirksamkeit des Testamentes Stützende die persönliche Zerstörung resp. die Zerstörung durch einen Dritten auf Befehl nachweisen; hier, wie dort wird dann Widerrufsabsicht vermutet; hier, wie dort steht es dann dem Gegner an, Einreden wie Zwang, Irrtum etc. beweiskräftig darzuthun.

II.

Praktisch weit eingreifender, als die bisher erörterten Beweisfragen, die im Anschluss an den § 2255 davon ausgingen, dass überhaupt kein oder ein zerstörtes Testament im Nachlasse vorhanden ist, sind diejenigen, welche sich daran anknüpfen, wenn im Nachlasse thatsächlich eine un-

---

[1]) Endemann a. a. O. § 50 No. 3a p. 214 a. E. u. 215.

versehrte Testamentsurkunde vorgefunden wird. Wie die vorigen, sind sie auch nicht alle gerade in thesi der eigenhändigen Testamentsform zugehörig, aber da sie fast ausschliesslich bei dieser zur Anwendung gelangen, so steht es vornehmlich einer Untersuchung über das eigenhändige Testament an, sich über sie zu verbreiten.[1])

Der Streit über ein vorhandenes Testament als solches konzentriert sich in letzter Beziehung dahin, dass die Testaments-Interessenten es der Verlassenschafts-Abhandlung zu Grunde gelegt haben wollen, die Testamentsgegner seine gesetzliche Qualifizierung hierzu negieren, mit anderen Worten: die ersteren behaupten die Gültigkeit, die zweiten die Ungültigkeit des Testamentes. So erhebt sich gleich zu Anfang die Frage, ist die Gültigkeit oder die Ungültigkeit eines Testamentes zu beweisen. In dieser Allgemeinheit ist die Frage juristisch jedoch nicht zu stellen, da sie so allgemein nicht zu beantworten ist.

„Gültig" oder „ungültig" ist das allgemeine Resultat, aber es giebt mehrere Momente der Gültigkeit resp. Ungültigkeit, die in ihrem Charakter so verschieden sind, dass sie scharf unterschieden werden müssen, und jeder einzelne eine gesonderte Beantwortung auf die Endfrage erheischt.[2])

Das erste, was bei einem Testamente in die Erscheinung tritt, ist sein äusseres Gewand, die Testaments-Urkunde. Sie muss von vornherein frei von Fehlern sein, soll überhaupt von einem „Testament" im Sinne des Gesetzes gesprochen werden. Wer seine Ansprüche auf ein Testament stützt, muss demgemäss grundlegend erst einmal eine Urkunde vorlegen, die als solche betrachtet, einwandsfrei als Testaments-Urkunde sich darstellt.[3]) So ergiebt sich hier ganz aus der Natur der Sache heraus, dass alle

---

[1]) cfr. den Excurs ad § 578 österr. GB. v. Pfaff u. Hofmann: Excurs II p. 78 ff.

[2]) Siehe p. 94 ff.

[3]) In dem unter I behandelten exceptionellen Fall, dass überhaupt keine Urkunde existiert, entspricht diesem der Beweis des testamentum extitisse und des fuisse solenne.

äusserlich hervortretenden Formen die Testaments-Interessenten zu beweisen haben. Wird also von den Testamentsgegnern Ungültigkeit des Testamentes wegen einer Formwidrigkeit behauptet, so haben nicht sie den Fehler, sondern die Testaments-Interessenten die richtige Beobachtung dieser Formalität darzuthun. Beim eigenhändigen Testament wird sich dieser Nachweis dahin erstrecken, dass thatsächlich Eigenhändigkeit der Schrift, eigenhändige Unterschrift, Ort und Tagangabe vorhanden sind. Ist so die Testamentsurkunde als wirklich formgerechtes Testament erwiesen, so mögen dann die Gegner den Nachweis erbringen, dass trotzdem ein rechtsgültiges Testament nicht vorliegt, indem der Testierakt als solcher nicht gültig war. Hierzu steht ihnen die grosse Reihe von Gründen zu Gebote, die das Gesetz ihnen an die Hand giebt; da kommen in Betracht

a) die Bestimmungen über die Gültigkeit von Rechtsgeschäften überhaupt;

b) die Bestimmungen für Testamente im allgemeinen;

c) die Bestimmungen für das eigenhändige Testament im besonderen.[1,2])

Entwickelt sich in diesem Falle, wo die Ungültigkeit des Testamentes wegen Formwidrigkeit geltend gemacht wird, die Verteilung der Beweislast ganz von selbst, so sind hierfür mehr juristische Gesichtspunkte massgebend, wenn die Echtheit einer Testamentsurkunde bestritten wird.

Aus der Definition von C.P.O. § 415 von sogenannten öffentlichen Urkunden ergiebt sich, dass die Urkunde, welche ein eigenhändiges Testament darstellt, nicht eine solche ist.

---

[1]) Z. B.: ad a: Unsittlichkeit der Verfügung (§ 138); nicht ernstlich gemeinte Willenserklärung (118); Geschäftsunfähigkeit (§ 105 cfr. § 104); ad b: cfr. z. B. § 2065; § 2078; § 2229; ad c: § 2248.

[2]) Allgemein ist zu bemerken: „Wer, obgleich die regelmässigen Erfordernisse fehlen, die Gültigkeit behauptet, muss das Vorhandensein privilegierender Umstände beweisen, sowie umgekehrt der Gegner trotz der Beobachtung der normalen Form die Ungültigkeit dadurch beweisen kann, dass er zeigt, dass im konkreten Fall ein Mehr an Form nötig gewesen wäre, z. B. dass der Testator nicht schreiben, oder weder schreiben noch lesen kann." cfr. Pfaff u. Hofmann a. a. O. ad § 621 V. Unger a. a. O. § 51.

Daher kommt dem eigenhändigen Testamente nur die Beweiskraft einer Privaturkunde zu, von den Beteiligten kann also der Beweis der Echtheit verlangt werden.[1]) Wem die Beweislast zusteht, ob die Echtheit oder die Unechtheit zu beweisen ist, darüber hat die mangelhafte Trennung zwischen den einzelnen Ungültigkeitsgründen zu einer Meinungsverschiedenheit Anlass gegeben, die noch heute in der Litteratur nicht ausgeglichen ist und noch heute eine ungleiche Rechtsprechung zur Folge hat.[2])

Bei der Frage wird eine weit verbreitete Ansicht dahin vertreten, dass ein mit allen gesetzlichen Förmlichkeiten versehenes, von allen sichtbaren Mängeln freies Testament den instituierten Erben jeder weiteren Beweisführung über dessen Echtheit enthebe, und dass derjenige, der die Unechtheit behaupte, sie auch beweisen müsse.[3])

Es ist unzweifelhaft und auch von keiner Seite bestritten, dass Einreden, die, wie wir uns ausgedrückt haben, die Ungültigkeit des Testieraktes treffen, von demjenigen bewiesen werden müssen, der sie vorbringt. Da von den Betreffenden nun die Ungültigkeit des Testieraktes als ein mögliches Moment zur Ungültigkeit im weiteren Sinne des Testamentes von den andern möglichen nicht geschieden

---

[1]) cfr. Platenius a. a. O. p. 296 No. 4, Zachariae-Crome a. a. O. § 679 a. A. — Die §§ der CPO. § 415 ff. sind auf die Urkunde eines eigenhändigen Testamentes nur beschränkt anzuwenden. „Sie hat zwar nur die Beweiskraft einer Privaturkunde, ist aber als solche nicht eine blosse Beweisurkunde, sondern der letzte Wille selbst, für welchen das Gesetz bestimmte Förmlichkeiten vorschreibt." cfr. Entsch. d. R.-Ger. Bd. XII p. 315. So muss besonders der Beweis der Echtheit sich auf die eigenhändige Niederschrift des Contextes sowie der Unterschrift erstrecken. cfr. Endemann a. a. O. § 27 Anm. 19.

[2]) Belege für beides finden sich bei Pfaff u. Hoffmann, Excurse II p. 78 ff.

[3]) cfr. die Abhandlung von J. P. in der Zeitschrift f. österr. Rechtsgel. 1834 I p. 129—150. Die Unechtheit eines nach der an den Test.-Gegner erfolgten Einantwortung gefundenen Testamentes habe jedoch der Test.-Interessent zu beweisen. Dies wird aus einer ganz ungerechtfertigten sachlichen Unterscheidung zwischen der Erbschafts- und Impugnations-Klage hergeleitet. Näheres darüber bei Pfaff u. Hofmann im cit. Excurs.

wird, so kommen sie ganz erklärlich zu dem Ergebnis, dass, wer die Ungültigkeit eines Testamentes behauptet, den Ungültigkeitsgrund erweisen muss, gleichviel ob er auf Zwang, Betrug, Testierunfähigkeit oder auf die Unechtheit der Testamentsurkunde sich berufe. Hat man aber einmal die Scheidung der Ungültigkeit nach ihren Ursachen vorgenommen, so ist auch augenscheinlich, dass die drei in ihrem Wesen so ganz verschiedenen Punkte nicht in einer Gesamtbeurteilung abzuthun sind. Bei der Ungültigkeit im weiteren Sinne wegen Unechtheit wird gesagt: das angebliche Testament rührt überhaupt gar nicht vom Erblasser her, die Urkunde ist Blendwerk. Bei der Ungültigkeit im weiteren Sinne wegen Ungültigkeit eines Testieraktes aber wird behauptet: Wohl ist dies Testament vom Erblasser errichtet, auch ist es durchaus formgerecht, aber seiner Gültigkeit steht irgend ein Hindernis im Wege. Dort ist also vor allem zu beweisen, was hier feststeht: nämlich dass überhaupt testiert worden ist. Bei der Ungültigkeit im weiteren Sinne wegen Formwidrigkeit wird die Beobachtung der Testamentsförmlichkeiten negiert, bei der Ungültigkeit wegen Ungültigkeit eines Testieraktes ein eigentlicher Ungültigkeitsgrund affirmiert. Dieser, nicht aber auch jener ist beweispflichtig.[1])

[1]) cfr. Unger a. a. O. § 51 Anm. 6. Pfaff-Hofmann cit. Excurs. Pfaff-Hofmann nimmt nur eine Zweiteilung und zwar 1. Unechtheit, 2. Ungültigkeit und unterscheidet dann bei der Unechtheit wieder a) Formwidrigkeit und b) Unechtheit im engeren Sinne. Pfaff-Hofmanns Ausführungen sind sehr zutreffend — wir sind ihnen im Texte gefolgt — aber an seiner Begriffs-Einteilung setzen wir aus, dass nicht scharf genug hervorgeht, dass sowohl Unechtheit im engeren Sinne und Ungültigkeit (des Testier-Aktes) Unterabteilungen der Ungültigkeit im weiteren Sinne sind; und dann verstehen wir nicht, wie Formwidrigkeit als eine Art „Unechtheit" bezeichnet werden kann. Der Umstand, dass sie hinsichtlich der Beweisfragen einander gleich sind, und dass in der Praxis nicht immer wird erkannt werden können, ob das eine oder das andere vorliegt, wird doch nicht davon abhalten dürfen, sie begrifflich scharf zu trennen, da sie in ihrem Wesen nichts Verwandtes haben. Der Verfasser sagt selbst: „So verschieden sie übrigens sind." — Wie verbreitet die fehlerhafte Gleichstellung der Unechtheit mit der Ungültigkeit ist, vgl. Pfaff u. Hofmann den cit. Excurs Anm. 4.

Ein Hauptargument für die von uns abgelehnte Ansicht, das von allen Anhängern derselben wiederholt wird, schliesst folgendermassen: Derjenige, der die Echtheit eines eigenhändigen Testamentes bestreitet, ist Kläger; als solcher muss er die Thatsachen, auf die er sein Recht gründet, beweisen; diese Thatsachen aber sind: a) die Nichtexistenz eines gültigen Testamentes, b) ein bestimmtes Verwandtschaftsverhältnis.

In dieser Argumentation werden die positiven und negativen Voraussetzungen des gesetzlichen Erbrechts vermengt. Das Nichtvorhandensein eines Testamentes erzeugt mit Nichten ein Erbrecht. Dieses ist gesetzlich anerkannt auf Grund eines Verwandtschafts- resp. Gattenverhältnisses als der natürlichen Erbfolge. Nur lässt das Gesetz zu, dass ein Testament ein so vorhandenes Recht ausschliesse.[1]

Von so fundamentalen Gedanken aus braucht man die Ansicht jedoch gar nicht zu widerlegen. Es ist ja nicht gesagt, dass der Impugnant Intestaterbe ist, ebensogut kann auch ein testamentarisch Eingesetzter die Echtheit eines angeblich späteren Testamentes leugnen.[2] Es ist klar, der Mangel eines späteren ihm ungünstigen Testamentes bedingt genau so das Erbrecht des Instituierten, wie die Nichtexistenz eines Testamentes überhaupt das Intestat-Erbrecht; „man käme also in folgerichtiger Ausführung jener Ansicht zu der Behauptung, der Instituierte gründe sein Recht nicht bloss auf die gültig geschehene Einsetzung, sondern auch auf die Nichtexistenz eines späteren Testamentes und müsse diese daher eventuell beweisen. Es genüge insbesondere nicht, dass die Echtheit des ihm günstigen Testamentes anerkannt sei, er müsse die Unechtheit des ein späteres Datum tragenden gegen ihn produzierten Schriftstückes beweisen!"[3] Durch Darlegung dieser Konsequenz hat Pfaff-Hofmann das Argument gänzlich

[1]) Pfaff-Hofmann, cit. Excurs Anm. II vergleicht: „Der Hagelschlag zerstört die Ernte; aber niemand sagt, dass sein Ausbleiben die Ernte erzeuge!"

[2]) cfr. BGB. § 2254; § 2258.

[3]) Pfaff-Hofmann, cit. Excurs.

widerlegt. Es erübrigt sich noch hinzuzufügen, dass selbst der Beweis, eine als Testament vorgebrachte Urkunde sei unecht, immer noch keinen Beweis dafür machte, der Erblasser habe überhaupt kein gültiges Testament hinterlassen. Diesen Beweis, der fast nie zu führen sein würde, müssten aber logisch diejenigen verlangen, welche die Nichtexistenz eines gültigen Testamentes als begründendes Moment eines Erbrechtes ansehen.[1])

Wenden wir uns nach dieser negativen Erörterung nunmehr der Begründung der u. E. nach richtigen Beweislastverteilung zu.

Derjenige, der Klage erhebt, ein vorgewiesenes Testament für nichtig zu erklären, verlangt Anerkennung seines Erbrechtes, sei es, dass er sie auf seine Qualität als gesetzlicher Erbe stützt, sei es, dass er sie als Testamentserbe auf Grund eines früheren Testamentes beansprucht. Indem er durch die Geltendmachung des angeblichen Testamentes seitens des Gegners bei der Erbeserklärung weiss, dass derselbe ihm seine Anwartschaft auf die Erbschaft mit der Einrede, diese sei durch das von ihm vorgebrachte Testament zerstört, streitig machen werde, so erklärt er gleich in der Klage je nachdem: das ihm entgegenstehende Testament sei gefälscht oder es sei ungültig u. dgl. Hieraus erhellt, dass das dem gesetzlichen Erben oder Erben aus früherem Testamente entgegenstehende neue Testament eine exceptio auf die Ansprüche dieser ist, und seine Grundlage, ein „Testament“ zu erweisen. Eine gefälschte Urkunde in Testamentsform ist aber ebensowenig thatsächlich ein Testament, wie ein formwidriges „Testament“. So gut der sich auf die Gültigkeit des Testamentes Berufende das Vorhandensein der äusseren Formerfordernisse darthun muss, so muss er demgemäss auch die Echtheit der Urkunde beweisen — beides aus der gleichen Notwendigkeit heraus, eine vorgelegte Urkunde eben als ein „Testament“ klarzustellen. Wie beim Falle der Formwidrigkeit ist es dann

[1]) Die Erörterung über sonstige hinfällige Unterstützungen der Ansicht siehe bei Pfaff u. Hofmann cit. Excurs.

erst wieder Sache des Impugnanten etwaige Fehler (Zwang, Irrtum . .) zu beweisen.[1])

Wir sind in der Darlegung vorstehender Grundsätze von der Voraussetzung ausgegangen, dass derjenige, welcher das vorgebrachte Testament als echt bestreitet als Kläger auftritt. Mit Recht[2]) wird dies als der einzige Fall gedacht, wo überhaupt eine Streitfrage denkbar sein sollte. Ist der Testaments-Interessent Kläger, so ist es schier selbstverständlich, dass er den Beweis der Echtheit des Testamentes erbringt. Dies wird auch selbst von einigen Anhängern der falschen Ansicht zugegeben. Bemerkenswert ist, dass von dieser Seite auch geurteilt wird, trotz des Leitsatzes, dass stets die Unechtheit bewiesen werden müsse, dieser Beweis sei nicht demjenigen aufzuerlegen, dem die Erbschaft bereits eingeantwortet sei. Dass der Eingesetzte beweisfrei sei, wenn gegen ihn erst geklagt würde, nachdem er bereits in dem Besitze des Nachlasses sei, halten sie für ganz unbestreitbar. Bedeutsam ist, dass dies auch der Standpunkt der französischen Praxis ist, während sonst hier der Satz, dass beim eigenhändigen Testament la vérification de l'écriture vom Eingesetzten verlangt werden kann, als Regel allgemein anerkannt ist.[3]) Aus praktischen Gründen mag diese Iudikatur zwar etwas Berechtigung für sich in Anspruch nehmen, da es oft unbillig erscheinen mag, dem bereits Eingesetzten den Beweis der Echtheit des Testamentes zuzumuten. Dies trifft auch für das BGB. zu, nach welchem der Anspruch auf die Erbschaft binnen 30 Jahren geltend gemacht werden kann.[4]) Sachlich ist

---

[1]) Pfaff-Hofmann, cit. Excurs: „Das Eigentümliche der Impugnationsklage besteht nur darin, dass der Kläger vorweg die Existenz des angeblich gegnerischen Rechtes (wissend, dass dieses ihm excipiendo entgegengebracht werden würde) leugnet, indem er dessen Grundlage als täuschenden Schein oder doch als rechtlich nichtig bezeichnet. Er anticipiert in der Klage die Verneinung der exceptio. cfr. Unger a. a. O. § 22 Anm. 6.

[2]) cfr. Alois Sentz: Ger.-Ztg. 1857 No. 75.

[3]) Zachariae-Crome a. a. O. § 679.

[4]) BGB. § 195; § 2031 I Satz 2. cfr. Endemann a. a. O. § 121 p. 545 No. 2b a. E.

dieser Standpunkt jedoch unhaltbar. „Was kann die provisorische Einweisung des Erbnehmers durch das Gericht ... zu der Beweiskraft des eigenhändigen Testamentes hinzuthun?!"[1]) Der logische Verfolg der Dinge, die Rechtswahrheit, verlangt es, dass die Echtheit des eigenhändigen Testaments bewiesen wird, gleichviel, welche Parteistellung die Beteiligten einnehmen, in welcher Besitzeslage sie sich befinden.[2])

Das Ergebnis unserer Untersuchungen stellt sich also dahin, dass von den drei Ungültigkeitsarten: 1) der Formwidrigkeit, 2) der Unechtheit, 3) der Ungültigkeit des Testieraktes: 1 und 2 nicht der Beweislast dessen unterliegen, der sie geltend macht, sondern dass ihr Nichtvorhandensein von dem Testaments-Interessenten erwiesen werden muss, dass 3 dagegen bei Nichtvorhandensein von 1 und 2[3]) dem Beweise des Testaments-Gegners obliegt.

Es ist darauf hinzuweisen, dass die gleiche Art der Beweislast von Formwidrigkeit und Unechtheit für den wirklichen Verlauf eines Prozesses höchst wichtig ist. Gerade beim eigenhändigen Testamente sind es die wichtigsten Punkte, in denen eine Erkenntnis, ob das eine oder das andere vorliegt nicht zu erzielen sein wird. Die „eigenhändige Schrift" ist sowohl Formerfordernis beim eigenhändigen Testament, wie auch Voraussetzung für seine Echtheit. Theoretisch bleibt freilich der Unterschied zwischen Formwidrigkeit und Unechtheit evident. Bei der ersteren wird nur behauptet, dass das vom Gesetze verlangte Formerfordernis nicht erfüllt sei, nämlich die Urkunde nicht eigenhändig geschrieben sei, — sehr wohl kann aber der Dritte mit Willen des Erblassers die Urkunde geschrieben haben; bei der Unechtheit wird behauptet, dass eine Fälschung vorliege, dass die Urkunde ohne oder gegen den Willen des Erblassers verfertigt sei.

---

[1]) Zachariae-Crome a. a. O. § 679 Anm. 2.

[2]) Dies ist auch in der Theorie die herrschende Meinung. cfr. Platenius a. a. O. p. 296 No. 4 a. E.

[3]) Dem gleich steht natürlich Nichtrüge.

Würde nun selbst in thesi die Behauptung der Unechtheit vom Testaments-Gegner dargethan werden müssen, kluger Weise würde sich dann dieser — selbst, wenn er von der Fälschung des Testamentes überzeugt wäre — darauf beschränken, einfach die mangelnde Eigenhändigkeit als Formwidrigkeit zu erklären und so doch die Beweislast dem Testaments-Interessenten zuschieben, denn ein formgerechtes Testament vorzuweisen ist dessen Sache.

Zum Schlusse haben wir noch ein spezielles Moment zu beleuchten. Zu den Formerfordernissen des eigenhändigen Testamentes gehört auch die eigenhändige Angabe des Ortes und des Tages. Und, wie es keines Wortes darüber bedarf, nicht eine beliebige, sondern die richtige Angabe. Ein eigenhändiges Testament dessen Datum falsch ist, ist nichtig.[1]) Es fragt sich nun, da die bestrittene Formwidrigkeit des eigenhändigen Testamentes von dem Testaments-Interessenten bewiesen werden muss, ob demselben auch der Beweis der Richtigkeit des Datums[2]) obliegt. Dasselbe ist zu verneinen. Obwohl das eigenhändige Testament nur die Beweiskraft einer Privat-Urkunde hat, so beweist sie doch zugleich das Datum der Verfügung, solange nicht der Gegenbeweis erbracht wird.[3]) Das Gesetz stellt bestimmte Formvorschriften auf, und zu diesen gehört auch die eigenhändige Angabe des Datums. Da das Gesetz nun eine weitere Sicherung für die Richtigkeit des Datums nicht verlangt, so muss die eigenhändige Angabe durch den Erblasser als eine, „bis zum Beweise des Gegenteils massgebende Erklärung über die Zeit der Errichtung gelten".[4])

---

[1]) cfr. p. 84 bes. Anm. 2.

[2]) Datum = Ort und Tag.

[3]) cfr. Zachariae-Crome a. a. O. § 679 bes. Anm. 3 und 4.

[4]) Entsch. des R.-Ger. Bd. XII p. 316. Irreführend ist die Überschrift der Entscheidung: Wem liegt die Beweislast ob, wenn die „Echtheit" des Datums eines .... bestritten wird." Es handelt sich gar nicht in dem Falle um die Echtheit, sondern um die Richtigkeit einer Datumsangabe, indem die Frage nach der Echtheit offen gelassen wird. Es ist zu bemerken: 1. ein

Das Testament beweist die Richtigkeit der Datumsangabe, wie aber, wenn die Echtheit derselben bestritten wird, beweist es auch diese? Das ist in Abrede zu stellen. Wie die Echtheit des Testamentes im ganzen, so muss sie auch in seinen Teilen nachgewiesen werden. Es ist demnach zu unterscheiden, ob die Richtigkeit oder die Echtheit des Datums bestritten wird. Scheinbar führt dies zu praktischen Inkonvenienzen; das ist aber nicht der Fall. Ist das Datum in Buchstaben geschrieben, so ist die Echtheit dieser Schrift nicht schwerer zu beweisen, als die Echtheit des Contextes und der Unterschrift. Wird aber gegen ein in Zahlen geschriebenes Datum der Einwand der Unechtheit erhoben, so richtet sich dieser von selbst. Giebt der die Unechtheit Behauptende keine überzeugende Begründung seiner Ansicht, so wird dem Beweispflichtigen der Echtheit der einfache Hinweis genügen, dass gar keine Veranlassung vorliegt, gerade die Unechtheit des Datums eines sonst als echt anerkannten Testamentes anzunehmen, und es wird für den Richter bei der Beweiswürdigung hinreichend sein, um die Behauptung der Unechtheit als unbegründet zu erachten.

Schluss.

Über den Wert des eigenhändigen Testamentes.

Während nach dem E.G. Art. 151 bezüglich der übrigen Testamentsformen des BGB. den Landesrechten noch bestimmte Normierungen überlassen sind, ist die Form des eigenhändigen Testamentes die einzige, die lediglich und ausschliesslich auf Reichsrecht beruht.[1]) Damit tritt sie, die für den grössten Teil Deutschlands durch das BGB. erst geschaffen worden, gleich in die vorderste Reihe.

---

unrichtiges Datum kann sein a) echt, b) unecht. Im ersten Falle ist das Testament ungültig wegen der Unrichtigkeit als Formwidrigkeit, im zweiten ist es ungültig wegen: α) der Unrichtigkeit als Formwidrigkeit, β) der mangelnden Eigenhändigkeit als Formwidrigkeit; 2. ein richtiges Datum kann sein a) echt, b) unecht. Im ersten Falle ist das Testament gültig, im zweiten ist es ungültig wegen der mangelnden Eigenhändigkeit. Also Unrichtigkeit und Unechtheit sind nicht identisch!

[1]) cfr. Endemann a. a. O. § 27 No. 1 II u. Anm. 5.

Über ihren Wert sind die Ansichten so geteilt, dass es selbst unmöglich erscheint anzugeben, welche Beurteilung überwiegt.

Steht man auf dem Standpunkte, dass von der Testierfreiheit in ausgedehntem Masse Gebrauch zu machen sei, so wird man die Form des privatschriftlichen Testamentes als ein wirksames Mittel zur Erreichung dieses Ideals bezeichnen müssen.[1]) Zweifelt man jedoch daran, dass die beliebige Gestaltung des Testaments-Inhaltes, wie sie das BGB. gestattet, in Verbindung mit einer so grossen Formfreiheit auf die Dauer gesunde Rechtszustände zu gewährleisten vermag, so wird man sich hinsichtlich des eigenhändigen Testamentes Bedenken nicht enthalten können.[2])

Thatsächlich haben sich bisher in der Praxis die Besorgnisse, welche man für das eigenhändige Testament hegte, wie Streit über die Echtheit, Zweifel ob ein blosser Entwurf oder · ein abgeschlossenes Testament vorliege, Testieren in augenblicklichor Gefühlsaufwallung, nicht in dem Masse bestätigt, wie man vermeinte. Inwieweit die Hauptgefahren der Fälschungen und Underdrückungen sich realisieren, entzieht sich freilich zum grössten Teil der Kenntnis. Das BGB. hat durch die fakultative amtliche Aufbewahrung des eigenhändigen Testamentes Gelegenheit zum Schutz gegen diese Gefahren gegeben.

Wir stehen der Form des eigenhändigen Testamentes sympathisch gegenüber, indem wir in ihr einen Ausdruck der bürgerlichen Freiheit erblicken. Einer gesunden Rechtsprechung steht es an in richtiger Erkenntnis des Gesetzeswillens die Freiheit der Form nicht in Laxheit und Formlosigkeit ausarten zu lassen. Dann wird das Rechtsinstitut des eigenhändigen Testamentes eine Rechtswohlthat für das Volk bedeuten. —

---

[1]) Zachariae IV § 668 Note 1 a. E. bezeichnet das eigenhändige Testament „als eine bedeutende Erweiterung der bürgerl. Freiheit von unschätzbarem Werte.

[2]) cfr. Endemann a. a. O. § 23, 1 und Anm. 4.

Herrosé & Ziemsen, Gräfenhainichen

FSC
www.fsc.org
MIX
Papier | Fördert gute Waldnutzung
FSC® C083411

Kolibri 360 GmbH
Ferdinand-Jühlke-Straße 7
99095 Erfurt, Deutschland
produktsicherheit@kolibri360.de